Memoirs of Navy
during Suppression of
the Communist Rebellion

二

海軍戡亂回憶錄

奮戰長江與關閉口岸

Section II: Yang-Tze River Campaign and Port-Closure Policy

目錄

編輯說明

「一年準備，二年反攻，三年掃蕩，五年成功。」

國共戰爭期間，國軍為什麼在 1949 年遭逢空前未有的挫敗，是許多人日以繼夜嘗試解答的問題，包括國軍高層自己。隨著中華民國政府遷設臺灣，國軍高層生聚教訓，等待反攻大陸的時機，眾人亦不免回眸過去的慘痛經歷。

我們從《蔣中正日記》當中，便可看到 1950 年代反攻計畫的擬訂與推動，除了在軍備上須做充足準備，亦須反省戡亂作戰期間的諸般作為。

因此，在 1957 年，政府當局曾組織較大規模的檢討工作，由全軍上下針對戡亂時期的作戰經過，撰寫個人心得報告，內容包括當時戰役的準備情形、發生經過、國軍與共軍的優缺點等，作為反攻計畫的參考。

這些心得報告，自高階將領至基層士官兵皆有，因為每個人所處的位置，所能觀察到的面向，與戰後的檢討，各有不同的價值。

本套書《海軍戡亂回憶錄》，以戰役或事件分類，呈現抗戰勝利後，赴美接收八艦於 1946 年歸國加入作戰以來，至 1954 年大陳列島特種任務艦隊的海戰，九年之間海軍軍官的戡亂作戰回憶。

惟 1957 年距離作戰已過多年，人物、時間、地點、戰鬥過程等回憶難免有誤，同一場戰役的觀察結果也可能與他人不同，建議讀者仍可參酌其他史料、回憶錄，以取得對戰役的全盤瞭解。

（一）江防作戰與南京突圍

● **陶滌亞**

作戰時級職：海軍總司令部政工處少將處長

撰寫時級職：國防部總政治部第二組少將組長

作戰地區：南京—上海

作戰起迄日期：38 年 1 月至 5 月 26 日

戡亂－長江戰役與淞滬戰役

一、概述

　　長江戰役，自卅八年一月開始，至四月廿二日江陰要塞叛變終止；淞滬戰役，自卅八年五月十二日開始，至五月廿六日我軍撤離終止，期間雖有短時間的距離，但在作戰的性質尚說，這兩個戰役實為一個戰役——就是保衛京滬戰役。當時我服務海軍，主持全軍政工業務，海軍總部編制為六個署、七個處（政工、監察、軍法、軍醫、副官、通信、總務）、一個辦公室，全軍員額為三四、五〇〇人，其戰鬥序列為：

海防第一艦隊：擔任渤海灣及黃海區駐防巡弋。

海防第二艦隊：擔任東南沿海巡弋及協助江防艦隊防務（包括長江下游）。

江防艦隊：擔任長江中上游駐防巡弋。

登陸艦隊：擔任兵員運輸及後勤支援。

　　此外，有砲艇隊及小規模的陸戰隊。在裝備方面，全軍現役艦艇三百七十餘艘中，大部分為美國贈艦，小部分為接收敵偽艦艇和日本賠償艦，另有英國贈與及借用的海岸巡防艇八艘、護航艦一艘、驅逐艦一艘。這些艦艇噸位不等，性能各異，保養、補給、教育、訓練、作戰等等，當然都難以一致，嚴格地說，只是

一個拼盤式的海軍，因為真能作戰的艦艇為數不多。好在那時共匪沒有海軍，所以這個拼盤式的海軍無論是在海防上或江防上都佔有絕對優勢，就是非作戰的艦艇，也可以支援友軍作戰。

二、作戰前之狀況

　　長江戰役未爆發前，我軍正遭受淮海戰役的挫敗，那次會戰規模之大，用兵之多，可謂空前，國軍損失自然重大，共匪犧牲也很可觀，但因徐州失守，使首都門戶洞開，戰事的重心遂由淮海會戰轉移到長江沿岸的爭奪戰，長江的能否控制，和首都的是否安全，有不可分的關係。當時曾有人說，長江是政府的最後防線，確實是不錯的。

　　政府為了指揮這一戰役，特將徐州剿總由蚌埠集中的一切兵力，構成一個保衛京畿的外環，在蘇北及皖西北一帶阻擊敵人前進，並將主要防線設在江南，西越蕪湖，沿鐵路線佈防。另設京滬警備總司令部於常州，以加強力量，注視匪軍在江都、揚中一帶的渡江企圖。海軍在這種局勢下責任重大，自不待言，除了局部封鎖東迄崇明、西迄九江的江面，以確保江南安全，並擔任江面巡弋、協同地面部隊監視匪軍劉伯承、陳毅所部的行動。當時京滬人心雖極浮動，撤退疏散，爭先恐後，但因鑑於政府宣佈「不言和，不遷都」的決心，和長江天塹難渡的觀念，及政府海軍佔絕對優勢的信心，故對長江之戰，仍在徬徨焦慮中寄予莫大的希望。孰知變生肘腋，江陰要塞守軍開門揖盜，局勢逆轉，長江變色，海軍艦隻計有惠安、永綏等九艦隨艦隊司令林逆遵陷匪，突圍歸來者則有永定、永嘉等十三艘。這一戰役，遂告結束，國都也隨之淪陷，淞滬戰役，即在醞釀中。前一戰役作戰前的狀況，只是一個挫敗，後一戰役作戰前的狀況，卻是一種崩

額。海軍在前一戰役中實力完整，在後一戰役中則已分裂；在前
一戰役中，作戰的目的是「打」，在後一戰役中，作戰的目的是
「撐」，回想起來，不禁感慨萬千。

三、我軍作戰指導

　　長江戰役時，海軍的作戰指導是封鎖敵人，嚴守江防；淞滬
戰役時，海軍的作戰指導是阻擊敵人，掩護湯恩伯兵團奉令轉進。

　　在這兩種不同任務的戰役中，我既主持全軍政工，對於政治
作戰的指導方面，當然是以整個的作戰指導為基礎。

　　先說長江戰役。

　　在這一戰役中，海軍政治作戰方面以激勵士氣、安定軍心為
主，例如普遍舉行以「如何鞏固江防」為題之艦艇官兵小組討論
會，進行艦艇訪問，成立生活小組，印發「匪區真相」、「為誰
而戰」……等反共書刊，推行經理、賞罰、意見三大公開，慰勞
沿江艦艇，表揚有功官兵，發佈隨艦採訪戰訊……都是屬於激勵
士氣的範圍。安定軍心方面，主要工作為疏遷官兵眷屬，計三千
餘戶，大小口二萬餘人，先由各地向京滬集中，再由京滬向台灣
遷居，和此有關的工作，如分配軍眷房屋，擴充子弟學校，監發
福利品，也都成了政工的急務。

　　次說淞滬戰役。

　　在這一戰役中，因為情勢危迫，共匪除了正面的軍事進犯
外，還運用側面的政治滲透，重慶艦的叛逃，永興艦（卅八年九
月一日總統命名維源，以紀念殉難艦長陸維源）和崑崙艦的平
亂，都在此時。針對當前需要，海軍政治作戰方面當然要以鞏固
部隊、團結軍心為主。例如收容重慶艦留滬官兵四十餘人，加強
其思想教育與生活輔導，慰問永興艦忠貞官兵並協助辦理善後，

慰勞長江突圍及淞滬戰役有功艦艇，舉行全軍人事總清查，集中艦艇可疑官兵送往澎湖，搜捕潛伏匪諜等等，都能配合軍事，頗著成效。尤其是我自己率領必要人員，在淞滬留守至最後撤退，對於團結軍心有很大影響。卅八年五月廿七日晨，海軍留滬的中權艦，由我任指揮官，周雨寰任副指揮官，載滿了陸戰隊官兵和其他人員，在浦東敵人射擊的砲火下揮淚別吳淞，赴台灣，那一幕敵前撤退的悲憤之情，是我畢生難忘的。

四、作戰經過

　　海軍在此二戰役中，都是配合友軍作戰，其空間限於沿江和沿海，作戰經過至為簡單，都已在前面說明，不必多贅。

　　這裡我要特別提出幾位忠勇官兵和忠烈官兵來。

　　第一是長江戰役中的永嘉艦長陳慶堃少校，他於卅八年四月廿三日反對林遵附匪，密率永定、永修等艦十三艘冒險突圍，抵達上海加入艦隊，繼續對敵作戰，政府以其建立殊勳，曾授與青天白日勳章。

　　第二是淞滬戰役中的永興艦長陸維源少校，該艦在卅八年五月一日巡弋白茆沙時，被潛伏艦上匪諜陳英邦（航海官）等脅迫投匪，陸維源不從，當於格鬥後成仁被拋入江中，二等電信兵徐英祥、胡學忠、陶修棟等也因抗拒匪徒殉難，上尉副長彭廣葑、輪機下士李良臣、帆纜上士閭修松、輪機一等兵王雲生，槍砲上士汪慶武等合力平亂，終將匪徒擊斃，翌日將艦駛返上海。

五、戰鬥後狀況

　　海軍經過了長江戰役和淞滬戰役兩次戰鬥，在戰果方面，共計斃傷匪軍十五萬餘人（根據桂永清總司令在海軍第一次全軍代

表大會中之三年來工作總報告），對於主要海港的封鎖，匪軍海上運輸的截擊，友軍作戰的協助，海上交通安全線的確保，以及東、西、南沙群島的佔領，也都是竭盡全力達成任務。今日台澎的強大，金馬的穩固，可說都和當年的海軍戰績，有其因果關係，如果我們失去了這隻海上部隊，其後果的嚴重性，是不難想像得到的。

六、檢討

　　就我個人參加長江戰役和淞滬戰役的經驗，認為有如下的幾點教訓：

（一）政略和戰略不一致

　　　　軍事上要爭取勝利，政治上卻談判和平，以致官兵心理大受影響，不知為誰而戰為何而戰，後雖由政府宣布「不言和、不遷都」，但為時已晚，士氣渙散，民心背向，縱在軍事上力圖挽回頹勢，終難有補天之效。

（二）武力戰和政治戰不配合

　　　　徐蚌戰事以後，共匪劉伯承、陳毅、陳賡等部損失慘重，除了劉伯承尚留有一、二個完整的縱隊外，陳毅幾乎全部都要喘息整補，共匪為了爭取時間，乃一面運用土共擾亂，發動神經戰，以分散我軍兵力，一面運用和平談判，發動政治戰，以鬆弛我軍戰志，同時運用匪諜向我軍內部及後方滲透，製造叛亂，散布謠言，等到匪軍整補完畢，滲透工作成功，再以武力發動攻擊，我軍以單純的武力戰對匪，等於「以四兩搏千斤」，哪有不敗之理？

　　鑑往知來，懲前毖後，可知大陸戡亂的失敗，「非戰之罪也」，我們的反攻復國戰爭，也不是純軍事的範疇，領袖訓示我

們：「三分鬥力，七分鬥智」，未來的戰爭勝利關鍵全在於此！
我們的努力目標也全在於此！

● 黃崇仁

作戰時級職：海軍永翔軍艦中校艦長
撰寫時級職：國防部通信局上校副局長

作戰地區：長江下游
作戰起迄日期：37 年底至 38 年 4 月

戡亂作戰詳歷及心得報告
概述

　　余自民國二十四年三月十五日投效海軍，迄今二十餘年，其間於民國三十七年四月至四十年十月擔任軍艦艦長職務任內，正值政府戡亂戰事激烈展開，大陸關進鐵幕前後，余幸能率艦參與戡亂戰局，獲有對匪作戰數年之經驗，其中最有成就者為長江保衛戰、登步島戰役、以及閩海金廈諸役等，由於戰功曾先後榮獲雲麾及寶鼎勳章各一座，此外並獲得陸海空、干城、海光、海功等獎章多枚，由於時間所限，僅將長江保衛戰對匪作戰詳歷及心得分述於下。

作戰前之狀況

　　民國三十七年四月，余初接長永翔軍艦時，奉令由青島開赴馬公整修，於九月底整修完畢，十月初奉令開赴長江，臨時編隸於江防艦隊擔任長江防務，江防司令部駐於鎮江，報到後，奉派駐守長江下游龍窩鎮（即口岸鎮，口岸距江面以北十華里處，龍窩為其出口，故龍窩通稱為口岸）。是時由於對共匪和談破裂，朱毛已開始全面武裝叛亂，大陸戰事逆轉，匪軍部隊迫近長江北岸，由於共匪狡詐的和談空氣，迫使總統宣告下野，中樞領導乏

人，首都南京岌岌可危，共匪乘其徐蚌會戰僥倖的勝利，傾集了匪酋陳毅、劉伯誠的匪部，總共約有二十六個軍的兵力，採用人海戰術，向長江中游的安慶起沿江而下，直至江陰、南通一帶止，漸次進迫長江北岸，想奪取我北岸各重要軍事據點，分成幾路渡過長江天險，指染江南地區。

我軍作戰指導

當時國軍部隊在長江北岸建立許多重要的橋頭堡，據江扼守，竭阻止來犯之匪軍，因此各橋頭堡已成為匪軍渡江前惟一爭取之目標。政府為防止各橋頭堡我防守之地面部隊，遭受匪軍瘋狂的人海攻擊，故於每一橋頭堡均派有海軍艦艇駐守，以支援國軍地面部隊之作戰，我艦駐守之龍窩鎮，即為長江下游重要橋頭堡之一。當時我艦之任務有二：

1. 由龍窩鎮起，上至鎮江下至江陰，經常不斷的沿江機動巡弋，隨時嚴密警戒江面，堵擊任何偷渡之匪船，發現北岸可能被匪利用之船舶或渡江工具，立即予以清除。

2. 利用艦上熾盛砲火，支援龍窩鎮友軍地面部隊，轟擊來犯之匪軍，給予匪軍致命的打擊。

作戰經過

當三十七年年底前後，匪軍主力尚未到達北岸之前，常有零星匪部於拂曉或黃昏時分，以密林或麥田為掩護，神出鬼沒地利用流動式的小口徑砲火，對我巡弋江面之艦艇作閃電式的攻擊。本艦雖曾前後遭匪砲偷襲十餘次，惟均未被擊中，同時因匪砲無固定陣地，我艦亦難作有效之反擊。

三十八年元月中旬，匪利用黃昏時分，以便衣匪徒密帶手

槍，先行混入龍窩鎮，當時鎮上僅駐有省保安部隊約一個連兵力，毫無警覺，匪進入防區後，立即控制了陸上指揮機構和電台，未放一槍一彈，使龍窩鎮首次陷落匪手。當晚本艦在龍窩江面下錨，岸上電信中斷，直至次日黎明，余在駕駛台用望遠鏡瞭望岸邊，清晰地發現岸上守軍軍服顏色有異，判斷岸上情況有變，連忙下令起錨，採取行動。匪見我起錨，立即向我攻擊，於是判明龍窩確已為匪所佔，本艦即以排砲向匪反擊。匪初次嘗試艦砲之威力，迫不得已，於當日黃昏前撤離，除將擊斃之匪屍運走外，並將守軍武器及主要人員全部劫去。

　　由於這次的教訓，我地面部隊改派陸軍一個營駐守，並加強防地工事，不料於二月上旬，匪又以五倍兵力來襲，守軍立即將情報傳至艦上，我艦即以強烈砲火，向匪來襲之方向先行發砲阻遏，匪雖遭受嚴重傷亡，仍無放棄進攻之模樣，由黃昏至午夜，匪以失卻人性的人海戰術向我守軍猛烈的衝鋒五次，我岸上守軍傷亡過半，陷於苦戰狀況中，陣地始終屹立不動。翌晨二時許，守軍以無線電話告我，幾至彈盡絕援處境，要求派艦增援向匪攻擊，當時海軍通信多為定時連絡，尤以夜間情報無法傳送上級，艦隊部亦無控存艦艇趕來支援，余知守軍犧牲慘重，全艦砲火發砲過多，如不加以調節，砲膛均將發生爆炸。為鼓舞友軍士氣起見，余親自用明語電話與岸上部隊長通話，大意是：「本艦隨時在江面向匪發砲攻擊，除已將匪情轉報上級外，並已獲知有軍艦三艘，正加速向龍窩航駛中，預料於拂曉前必可到達，請守軍對彈藥作經濟有效的使用，以爭取最後的勝利。」余所以要用明語偽造事實，一方面固在鼓舞我守軍士氣，另一方面還在欺騙匪軍，使匪竊聽後，增加其畏怯心理，不得不乘早逃竄。四時許，匪軍不但沒有退卻，反而繼續向守軍再度衝鋒，守軍復以無線電

向我詢問增援艦隊已否到達，余毫不猶豫的回答：「二十分鐘以後，準可到達。」其實余於第一次通話後，考慮了很久，早已有了腹案，決於次日凌晨集中全艦大小各砲猛烈地向匪軍齊放，代表增援艦的威力，以阻止匪軍的拂曉攻擊。四時三十分，余復告知守軍，我援艦均已到達，馬上開始對匪總攻，因此守軍士氣大振，匪軍陣地經我艦砲綿密的扇形火網足足的轟擊了三十分鐘，匪軍傷亡殆盡，由於匪軍遭遇到空前重大的損失，殘餘匪部於拂曉時已潰不成軍，紛紛逃竄。事後調查，是役計擊斃匪兵千餘人，次日匪在泰興城舉行追悼會，並設置特優級棺木三口，聞係被我艦砲擊斃之團級匪幹三人在內。

龍窩遭受了匪軍兩次的襲擊，政府對此橋頭堡更加重視了。二月下旬改由陸軍第五十一軍四十一師一二一團欠一個營駐守，該團進駐防地後，日夜修築工事，積極備戰，團長閔翔麟上校，為一忠黨愛國的標準革命軍人，與我志同道合，倆人一見如故，他常親自來艦和我研訂陸海協同作戰計劃，並相互私訂密語及通信連絡信號，有時夜晚他還親自站立岸旁，用手電筒對所定信號和我演練，有時我亦去他團部，查詢當面匪情。他對其部屬趕築之工事，至為滿意，某次引余巡視其作戰陣地說：「崇仁兄，這些堅強的工事以外的廣場，將來就是匪軍的墳墓！」在他的工事修築完成後，本艦也作了好幾次的實彈支援射擊，他在觀測所中，親自為我擔任彈著修正的工作，在一個多月的時間內，我們已有了萬全的準備。四月七日閔君對我說：「據報，距防地九十華里以內，已無匪蹤。」四月八日凌晨，余沿江上駛，巡弋至鎮江，並在鎮江整補燃料、淡水等，當晚九時由鎮江回航，夜間零時航經三江營，發現江面我楚觀艦與岸上相互發砲對峙中，判斷三江營已起變化，似已陷匪，同時由無線電中聽到龍窩方面閔團

長正在連續不斷的呼叫我艦，其由聲浪中，已能判斷龍窩發生了
嚴重的事件，他聽到本人回答的聲音才對我說：「崇仁兄，我們
渴望您好久了，這裡運來了數千頭毛豬，我們已吃的夠飽了，請
您們快來分嘗吧。」他似乎獲得了極大的安慰，語氣也雄壯了不
少，我立刻告訴他在一小時以內我們準可到達，請他放心，此時
三江營方面，楚觀艦雖在對匪砲戰，我已不能在場多予支援，因
為我們的主防地是龍窩，本艦且戰且航的通過了三江營，事後獲
知三江營係八日黃昏時陷匪，楚觀艦於砲戰時中彈多枚幸未沉
沒。八日晚北岸匪軍分別向各橋頭堡實施總攻，當本艦到達龍窩
之前，閔團長已繼續的將當面匪情和接戰經過向我作了詳細的報
導，為了支援老朋友的作戰，本艦到達龍窩後對匪發砲攻擊得格
外起勁，本艦的火砲和無線電在整夜中幾無休息的餘地，經過一
夜猛烈的戰鬥，匪軍死亡枕籍。九日黎明，匪援軍愈來愈多，一
波波的向友軍猛撲，本艦的砲膛已受不了了，由弟兄們不斷地用
水來冷卻，余深知鄰近各橋頭堡的友艦，由於其本身沉重的防
務，是不能趕來支援的，龍窩的戰事一時不會結束，只有死心踏
地的由本艦來艱苦的支持到底。九日晚九時許，龍窩守軍陣地已
發生一片大火，與閔團長通話後，知道我忠勇將士已陣亡十之
六七，惟士氣仍旺，該團有堅守陣地戰至最後一人之決心，余聞
後更為感動。十日正午，我永嘉艦奉令由上海開赴鎮江報到，經
過龍窩時，陳艦長拋錨向我詢問沿江匪情，見龍窩戰事將進入第
三天尚未結束，於是他自動願意暫留龍窩助戰，這是求之不得的
事，於是立刻替他去電總部向上級報備，當時長江下游的橋頭堡
差不多都已陷落，匪對龍窩雖然付了很大的代價，經過了兩晝夜
的人海戰鬥仍未攻下。十一日拂曉匪變得更瘋狂了，再度利用其
增援部隊，排山倒海的盲目趕來填補火海，共匪志在必得龍窩已

無疑問。到了十一日黃昏，守軍營長以下的軍官全部陣亡，團長親自率兵與匪肉搏，此種英勇忠貞不屈的精神，真足以驚天地泣鬼神。十一日夜十時，守軍幾將犧牲殆盡，蒙總理在天之靈，最後該團尚能保留團長及雜勤士兵數十人。上級為了要保全這個以寡擊眾戰鬥部隊的榮譽，和保全這個榮譽部隊的番號，使她永遠的活在革命的陣營中，因此在十一日的深夜，下令要他們轉進至江南揚中。當夜閔團長雖已三晝夜未眠，他仍興奮的趕登我艦，向本艦全體官兵致謝，我和他交談了一個小時，相互檢討作戰經過得失，最後他對我說：「這次的戰役，你們對我的支援貢獻太大了，我保證我和未死的幾十個士兵，只要活在世上，將永遠不會忘記永翔軍艦的名字。」我和他都是經過了七十小時未睡的人，但是我在艦上，生活比他安定得多，見他雙目緊合已不能睜，因此我留他在我的床上安寧的睡了一晚。翌晨當他離艦去江南時，本艦官兵早已自動的籌備了大批香煙及日用品捐送給他的士兵，向這些英雄們致敬。三十八年五月本艦在馬公修理時，看到報載閔上校轉戰於上海小營房陣亡的消息，當時我非常哀痛的為他流了淚，因為我是海軍，閔烈士一生英勇為革命犧牲的史蹟，我始終沒有機會替他表揚。

匪軍在三天的戰鬥中以五千餘具匪屍換取了龍窩。十二日清晨，改泊於龍窩左岸的永安洲，待機再向匪軍攻擊。十二日下午我永勝艦經過下駛，發現其左舷有砲孔多處，係一小時以前航經三江營為匪砲所擊。當晚十時許，奉到桂總司令電報，其要旨大意如下：「十三日黎明以前，海軍艦艇掩護陸軍兵力一師，在天伏洲上游荷花池一帶實施兩棲登陸，收復天伏洲三江營以解除該處匪砲對長江航道之威脅，永翔艦應於十三日拂曉以前到達三江營以東地區，以熾烈的砲火壓制匪軍，並澈底隔斷匪軍退路，以

殲滅之。」查三江營天伏洲一帶，自八日晚陷匪後，匪軍在那裡已建築了堅強的砲兵陣地，對長江交通阻礙至大，楚觀、永勝兩艦都在那裡吃了大虧，當時本艦在長江駐防已超過半年之久，左車葉損壞已久，並早向上級報備有案，航行僅能使用一部主機，因此逆流航行時速僅限三浬。奉令後本艦官兵代表來艦長室，意見具申，像英國皇家海軍具有八吋口徑巨砲的重巡洋艦倫敦號和黑天鵝號，速率是那麼的高，砲火是那麼的強，經過那裡竟然遭匪砲打得落花流水，除艦長受傷外，還死亡了好幾十人，本軍各艦的性能已不能與英艦相比了，何況永翔艦又是中國海軍中最陳舊的一艘，到了那裡十九是會被擊沉的。按情理講，如向總部呈明，是可以准免參加這次戰鬥的，然而余對官兵代表意見毫無所動，奉令後沒有猶豫，也沒有躊躇，毅然的下了最大的決心，非參加這次神聖的戰鬥不可。永安洲距三江營有十二浬的水上航程，軍艦通常需要一小時才可以到達，但本艦因車葉損壞，雖僅隔十二海里的航程，需要四小時才能抵達，永嘉艦陳艦長建議比他先發航三小時。當本艦發航前，余召集全艦官兵訓話，首先說明了這次任務的重要和不要放棄了這千載難逢的報國機會，並已本艦半年來在長江屢戰屢勝的事實，推斷這次神聖使命必能達成的道理，要全艦官兵乘以往勝利的餘威，再接再勵的去做一番轟轟烈烈的革命事業，這次的訓話，振奮了全艦官兵的戰志，將大家畏懼的心理一掃而空。深夜一時三十分下達了起錨命令，江上夜色朦朧，三江營匪軍那裡想到大難將臨。翌晨五時十分，本艦到達三江營，天空仍是一片漆黑，伸手不見五指，此時甲板上每一座砲的戰鬥員都在屏息靜氣，等待著轟擊令的下達，岸上匪軍起身號音響了，後面的永嘉艦也準時趕到了，本艦先以迅雷不及掩耳的閃電戰法，把全艦猛烈的砲火，一齊向匪軍重要據點綿密

的轟擊，接著永嘉艦亦做著同樣的工作，兩艦數百道紅白色的火光，飛揚在天空確是好看，瞬間便把匪軍砲兵工事掃成平地，把一週來三江營熾烈的匪燄，掃蕩得乾乾淨淨。此時天色已明，永嘉艦沿江西上，本艦為了監視當面匪情的變化，暫在天伏洲的南岸龜山附近下錨，八時許，起錨沿江上駛，見到北岸武裝部隊數千人，沿堤岸後方趕築工事，余最初誤認為我登陸部隊，他們見到軍艦經過態度是那麼的沉著，不久本艦與我掩護登陸之旗艦會合後，始知我登陸部隊尚未推進至天伏洲以西地區，該處必為匪軍部隊已無疑問，本艦立即轉向回航，實施攻擊，這一下匪軍真夠慘了，在我全艦砲火密擊掃射下，幾乎沒有一個漏網的。當天黃昏時分，三江營與天伏洲已由我渡江部隊收復了，圓滿的達成了這次神聖的使命。

　　四月十五日下午，本艦奉到總部核准去上海整修車葉的電報，飭將永安洲防務交由美樂艦接替，當時本艦仍在天伏洲上游巡弋，因為離開永安洲已有三天了，余判斷那裡的匪軍，經過三天的整備，砲兵工事早已築成，原計畫於深夜下駛，惟數月以來所期待修理車葉的願望忽然實現，怎樣不令官兵興奮？天黑未久，本艦即下駛，三江營以下一帶，江上航道都靠近北岸，南方水道不是暗礁便是淺灘，不能航行，我和領港人員約法三章，要他盡可能靠南方航行，但是無論如何不能在江上擱淺，同時實施備戰航行，各砲隨時可以攻擊。雖在黑夜中，沿江匪軍戒備甚嚴，本艦下駛不久，已被匪軍發現，匪以密集的機槍向江中掃射，子彈不斷的落在左舷的鐵板上，好像炒蠶豆似的響著，因為匪未發砲，本艦為降低目標的暴露也沒有發砲還擊，此時我南岸友軍聽到江上密集的槍聲，誤認匪在準備渡江，因此也向江中盲目的掃射，這樣一來，本艦受了兩面的夾攻，右舷信號兵一員，

反被南岸友軍機槍擊中受傷，此為半年來本艦官兵中因公流血之第一人。二十分鐘以後，一路平靜如常，抵達永安洲時，美樂艦已在錨泊等待接防中。十六日中午，於防務交代完畢，起錨繼續下駛，當到達永安洲下游十浬之天星橋時，該處匪砲向我攻擊，本艦左舷連中四彈，輕傷官一員，士兵十三員，幸無死亡，我艦砲早有準備，立即猛烈還擊，三分鐘以後，匪陣地起火，匪砲被壓制，已停止發砲，此時本艦一面堵漏防水，一面救護傷患，工作毫不紊亂。此次遭匪的突擊，是本艦在長江保衛戰中唯一的一次損失。經過天星橋以下各地時，皆平安無事。四月十七日下午一時抵達上海，解除了長江戰役的任務。

戰鬥後狀況

自從四月八日，匪向我長江北岸各橋頭堡國軍實施總攻後，到了十二日，北岸除了極少數幾個軍事據點如浦口等地外，可算是全部陷落了，雖然在十三日還收復了三江營和天伏洲，但是大勢已去，無濟於事，因為此時北岸我陸軍部隊都已奉令渡江南撤，政府已下定在南岸防守長江的決策，因此駐守長江的海軍艦艇已完全暴露在匪軍岸砲射程的有效距離內。雖然每個橋頭堡在撤守之前都已換取了相當高的代價，然而用海軍艦艇和匪的岸砲火拼，不論在戰略上，在價值上，在國家最高作戰決策上，都是值不得的，此時留在長江的海軍艦艇，真到了英雄無用武之地了。

檢討

甲、匪方

1. 匪軍行軍神速，對目標之攻擊多採取機動的奇襲，他要攻擊

某一目標，有時還故意先將其部隊撤離距目標區甚遠的地帶，使對方判斷彼一時不致來攻，再以急行軍奔向目標實施奇襲。例如四月七日匪軍撤至距龍窩九十華里以外，八日晚突然集結匪部來襲。

2. 匪幹對其部屬亦實施欺騙，以減少匪部之畏懼心理，例如匪幹常編造「長江水深僅僅三尺許，急易渡過」、「軍艦是木製的，一擊就沉」，等欺騙匪部的謬論。

3. 匪軍對其暫時性攻佔的城鎮，決不拿取民間一針一線，以表示匪之軍紀嚴明，但對永久性佔領的地區，則樣樣掠奪於民間。

4. 匪對俘虜特別優待，經匪訓練後，故意放回為匪宣傳，以瓦解我軍士氣，因此對匪釋放歸來之被俘人員，必須嚴密考核。

5. 匪對目標之攻擊，經常以數倍於我之兵力，應用人海戰術行之，如攻不下，繼以增援部隊對我行疲勞作戰，故我防守據點，必須有適當之兵力，尤須備有機動的增援部隊適時支援。

乙、我方

1. 長江保衛戰最後總失敗的原因，是因為三十八年總統宣告下野，中樞領導無人，群龍無首，每於一著之差，便影響了整個戰局。

2. 三十八年元月起，江北各重要據點開始被匪軍攻擊，雙方展開激戰，我能照原定計劃進行，戰事的展開非常順利，海軍艦艇馳騁在長江江面，協同陸軍部隊作戰，予匪嚴重傷害，收到了異常豐碩的戰果。

3. 在保衛長江各橋頭堡的戰役中，我陸海軍都有旺盛的戰志，每於眾寡懸殊的情況下，孤單奮戰，發揮了最高度的革命戰鬥威力。

4. 四月十三日我方發動了大規模的陸海反攻戰，由海軍掩護友

軍一師的兵力，向三江營天伏洲實施兩棲登陸作戰，一舉便將這個具有高度價值的戰略據點奪回，可知只要我們有堅定的革命意志和犧牲的決心，雖然大局暗淡，風雲險惡，一切還是可以轉危為安，化險為夷的。

5. 當北岸友軍據守的橋頭堡，因缺乏後援部隊支援，各橋頭堡尚未淪入匪手之前，我未積極將江南部隊開赴各橋頭堡增援，反將北岸部隊全部撤至南岸防守，並把阻擊匪軍渡江的整個任務交由海軍擔任，此為我長江戰役最大之失策。海軍官兵並不貪生怕死，只要犧牲有代價，我們決不逃避，但是在北岸我全無部隊的情況下，匪可在數百哩的江岸上，任意選築砲兵陣地向我艦隊攻擊，使我完全暴露於匪的艦艇，防不勝防，再也不能配合南岸守軍作戰了。

● **陳清生**
作戰時級職：海軍永績軍艦少校艦長
撰寫時級職：國防大學校上校教官

作戰地區：長江（安慶以下沿江一帶）
作戰起迄日期：38 年 1 月至 4 月 23 日

長江保衛戰－安慶戰役

一、概述

（一）戰幕的揭開

民國三十六年的秋天，朱毛匪幫在華北、東北兩區領導的
武裝叛亂暴動一天比一天擴大，戰火已經蔓延到華北、東
北兩個區域，當時匪酋陳毅利用盤據著的山東半島老巢，
逐漸向外擴張範圍，像一條多頭的毒蛇般，東噬一口，西
吞一塊，主要目的在計劃建立一條膠東沿海的海上走廊，
便利隨時可以輸送兵力，投入東北戰區，阻撓國軍對東北
領土主權的接收。為了達成這個賣國的目的，匪幫竟然不
擇手段，揭開了猙獰兇狠的原來面目，不惜推翻一切停戰
談判的協議條約，實行全面叛亂。本來政府早已洞燭奸匪
的一切陰謀詭計，所以遲遲沒有發動戡剿，唯一的是希望
奸匪能夠深明大義，體諒同胞們歷經八年長期抗戰的苦
難，毅然放下屠刀，化干戈為玉帛，今希望既成泡影，同
時奸匪整個賣國的陰謀已經揭穿，於是只好沉痛地高舉起
戡亂的旌旗，執行除暴安民的神聖使命。

（二）渤海地區的掃蕩

當時，負責該區戰鬥任務的是第一艦隊，主要係由太康、

太平、長治、逸仙、永勝、永順、永泰、永興、永寧、永
續、永翔等艦組成，而本人就是旗艦太康號的副長，在總
司令桂故上將永清、馬紀壯將軍及黎玉璽將軍之領導下，
冒著冰天雪地、巨浪滔天的惡劣天候，發動機動的海上巡
弋任務，截擊匪軍一切海上運輸物質的船艇，窒息匪軍的
對外補給。另方面偕同陸軍部隊隨時登陸沿海各戰略據
點，及必要時的安全撤離，粉碎匪軍建立海上走廊的整個
計劃，曾先後參加保衛營口、葫蘆島、秦皇島、塘（大）
沽、煙台諸戰役，前後協助國軍范漢傑、杜聿明、李彌、
劉雲翰、侯鏡如、闕漢騫、劉玉章諸將軍轉戰渤海、黃河
沿岸各地，獲得三軍協同的圓滿效果。

年餘以來，戎馬倥傯的征戰生涯，使我深深地體念到軍人
對於祖國的職責，是多麼艱鉅與重大，過去渤海地區之掃
蕩戰中，許多偉大激昂的事蹟，實在已經盡了最大的努
力，奈何基於種種客觀環境，無法遏止猖獗的匪燄蔓延，
這實在是革命軍人的重大恥辱。

（三）揚子江的進軍

戡亂的戰事，已經由東北演進到了江南，三十七年冬我在
接長永續艦後，即奉令加入第二艦隊，為保衛長江八百哩
的防務而作戰，而自蕪湖、太陽洲、荻港、土橋以迄安慶
之防區重任，輕輕的就落在我一個人的身上。在我本人，
是一個莫大榮譽，因為總司令信任我，才會把這個重要的
任務交付給我，到底我需要怎樣去做，才能圓滿地達成這
個艱鉅的任務呢？正如諸葛亮先生出師表文內所云：「受
任於敗軍之際，奉命於危難之間」，在多方面思維之後，
我獲得一個結論，就是本著武鄉侯同一的心情，拿「鞠躬

盡瘁，死而後已」兩句話，作為我執行這項使命的最終原則。記得在駛赴防區途中，曾懷著鉛一般沉重的心情登上首都晉謁總司令桂故上將，於恭聆訓諭後感到體內熱血沸騰，當時我曾恭謹地向總司令當面作過這樣堅決的表示：「清生身受黨國養育、領袖培植之恩德，並蒙委以重任，本次對保衛長江一戰，誓本不成功便成仁的決心，在總司令領導之下，與奸匪週旋到底！」

由於長江那個狹隘的江面，海軍艦艇遭遇到許多掣肘，機動的效率無形中減低，雖然深感有「英雄無用武之地」的嗟嘆，但在極端艱鉅的局面下，負責長江保衛之海軍艦艇的官兵，不避艱險，不惜犧牲，前仆後繼的奮鬥作風，充分發揚了三民主義革命軍的傳統精神，為中國新海軍寫下可歌可泣的一頁。

二、長江保衛戰梗概

（一）作戰前之狀況

1. 匪軍

自從徐蚌會戰告一段落後，間匪憑恃僥倖的勝利，又實施進一步的狂妄計劃，傾集了匪酋陳毅、劉伯誠的匪部一共二十六個軍的兵力，向湖口以東長江北岸的地區推進，兵力的分佈情形大概是這樣的，津浦線以東有八個軍，津浦線以西直至安慶、望江一帶有九個軍，湖口以東直到安慶也有九個軍，目的在想奪取我們長江北岸華陽、安慶、棕陽、土橋、劉家渡、三江營等六個重要據點，如果得手以後，便可以分成幾路渡過長江的天險，染指江南地區。

2. 我軍

當時，國軍部隊在長江北岸建立許多重要的橋頭堡，據江扼守，竭力阻止奸匪部隊推進至江邊，我們海軍艦隊的中型軍艦和小型艦艇也分佈在長江各重要口岸，另外派出一部分艦艇沿江巡弋，一方面協同北岸友軍地面部隊作戰，利用熾盛的艦上砲火轟擊奸匪部隊，另方面巡弋艦艇隨時警戒江面，準備堵擊任何偷渡的匪船，間常空軍神鷹機隊也出現在戰場的上空，轟炸掃射奸匪陣地。本來在三軍協同作戰努力下，長江保衛戰前途是非常樂觀的，可惜，自從總統宣告下野後，中樞領導乏人，群龍無首，每每由於一著之差，便影響了整個戰局跟著動搖，這種切膚之痛，實在是我們目前的寶貴教訓。

（二）我軍作戰指導

長江保衛戰可以分做三個階段來說明。

1. 第一階段

第一階段是從三十七年底到三十八年三月初，這是醞釀時期。所謂醞釀時期，就是三十八年二月底以前，不斷進行中的蘇北剿匪戰事，由於蘇北是奸匪的老巢，勢力根深蒂固，雖然經過不斷的清剿，同時由海軍派出巡防砲艇隊協同作戰，還是不能收到澈底的效果，因為蘇北地區主要是陸上作戰，不致影響長江保衛戰的整個戰局，所以不能作為長江保衛戰的開始。

2. 第二階段

第二階段是三十八年三月初到三月底，這是接戰時期。所謂接戰時期，就是從三十八年三月起，江北各重要據點開始被奸匪部隊攻擊，雙方展開激戰的時候，這段時間能夠

照著原定計畫進行，所以戰事的展開非常順利，海軍艦隊馳騁在長江江面，協同陸軍部隊作戰，曾經給予奸匪以嚴重的傷害，收到異常豐碩的戰果。可惜，這一個時期存在沒有好久，整個戰局便發生重大變化了。

3. 第三階段

第三階段是從三十八年四月初至四月二十三日，這是混戰時期。所謂混戰時期，就是從長江北岸友軍扼守著的橋頭堡開始個別迄守後，長江局面便逐步陷入混亂的狀態，這時海軍艦艇的處境最困難，大部木標已經暴露在奸匪岸砲射程有效距離的正面，本來，軍人作戰是不能計較犧牲的，不過以我們僅有的海軍艦艇，拿到第一線上和奸匪的岸砲火拼，無論在戰略上，在價值上，在國家最高作戰決策上，都沒有這個必要，所以在這段時間，海軍艦艇在長江作戰，一方面要隨時堵截渡江的匪船，另方面又要維護艦艇的本身安全，儘量減低損害率，實在煞費苦心。

（三）作戰經過

長江戰況的展開，第一階段因為和海軍關係較少，不加贅述，從第二階段開始，長江進入激烈的接戰狀態，其中安慶一役，匪酋揮動了五萬多的匪兵，採用人海戰術進攻，戰況的慘烈，實在是空前僅見。同時沿江以下直到江陰、南通一帶，奸匪都漸次進迫江岸，當時，我率艦直接加入戰鬥，竭力支援安慶守軍，護送部隊增援，安慶得以屹立不動，同時協同陸上守軍多次擊退了荻港、蕪湖、西梁山、土橋各橋頭堡的來犯匪軍，在保衛華陽、棕陽、土橋、劉家渡、荻港等北岸橋頭堡重要據點的各戰役上，我是付出了最大的力量，總計在第二、第三階段期間，大小戰鬥

不下百次之多，其中以安慶、土橋、荻港及長江突圍等役
為最激烈，茲分述如次。

1. 安慶戰役

安慶一役，匪酋陳毅拿出了主要本錢，使用匪部偽第三兵
團的偽第十一軍、獨一師，和一個山砲團、一個榴砲營，
浩浩蕩蕩，五萬多人馬向我只有一個師兵力駐守的安慶城
進攻，從三月二十四日屢次使用人海戰術，衝鋒猛撲，但
是由於陸上守軍戰志旺盛，和江上艦艇砲火熾烈，匪軍遭
受了慘重的損失，還是沒有達到佔領的目的。最後又增調
偽第十軍會同圍攻，同時又藉著狡詐和談空氣，採取各項
詭計，向我方守軍誘降，當時處境和情勢是非常危險的，
但在海軍艦艇竭力支持下，陸上友軍部隊始終屹立不動。
當時除本艦外，又增派了桂宗炎少校的四八號和劉德凱中
校的四五號兩艦，我們率領三、五艘小型艦艇輪替駐防在
安慶江面，經常發揮熾烈火力，消滅了匪軍無數的瘋狂攻
勢，擊斃奸匪在二萬人以上，安慶城一直確保到南京撤退
前，始終沒有落入奸匪手中。這一役可說是長江保衛戰有
聲有色的一役，從總司令桂故上將在五月十七日記者招待
會所發表的精采談話中，即可想見當時的情景：「本軍協
同陸空軍作戰，決以全力堅守大上海，予匪以嚴重打擊，
過去三年來，海軍在長江區域作戰，雖然由於江面狹小，
腹背易受威脅，艦艇活動遭受限制，未能充分發揮戰鬥力
量，但是得賴官兵用命，仍能達成預定任務，收穫極大戰
果，例如海軍艦艇配合陸軍吳仲堅部堅守安慶，為時甚
久，殲匪數萬，使匪不敢正視，若非整個戰局發生變化，
安慶決非匪能攻佔。……」

2. 土橋戰役

土橋一役我方陸上守軍以一個營的有限兵力迎擊匪酋陳毅匪部二千餘人的野戰部隊，這批進犯匪軍還擁有多門山砲，從三月十九日起，直至三月三十一日止，不斷的向我方守軍陣地進攻，我陸上友軍在本艦與砲艇熾烈砲火支援下，孤軍奮戰，擊退了匪軍的猛烈攻勢，殲滅匪軍在一千名以上。四月一日，匪酋增調偽二八二師匪部在一萬五千人以上，附有山砲二十門，拼盡全力猛攻，我方守軍在眾寡懸殊的情形下，曾一度被迫轉移該處橋頭堡據點，但在短時期後，獲得了大批海軍艦艇和有力的陸上部隊增援，施行反攻，又將這個主要的據點奪回，同時摧毀了敵人八門火砲，擊斃奸匪在二千六百人以上。

3. 荻港戰役

荻港北岸橋頭堡，本來是一個非常重要的據點，因為陸上友軍不敷調配，當時只有一個連的兵力在駐守，二月下旬以來，已經不斷遭受匪軍攻擊，但是每次都在友軍和本艦合力奮戰下擊退。在四月八日的晚上，本艦率領砲艇三艘曾經協同岸上守軍擊退了五千餘匪軍附有十多門火砲的兩度猛攻，直到九日清晨，守軍一度放棄了這個苦戰多時的據點，但在當天下午三時，友軍部隊在本艦強烈火力支援下，又把這個戰略據點奪回，從此一直到首都撤離前，仍在我軍據守中。

4. 長江突圍戰役

自從四月一日起，除了安慶、蕪湖、西梁山、浦口、六圩、八圩幾個據點，還在我們陸上守軍扼守著外，其他所有橋頭堡都已經先後陷入在奸匪手中了，從此，奸匪部隊

可以直迫江邊，更可利用強有力的砲火，控制整個江面，威脅我們作戰艦艇的安全。艦艇目標既然暴露在第一線上作戰，行動便受到相當限制了，尤其是從天星橋到三江營間約摸三十海浬，和安慶下游錢江嘴到土橋以下劉家渡間約摸八十海浬，兩處江道都是向北偏灣，航道大部靠近在北岸，奸匪既然進抵江邊，處處都配置了巨量火砲，威脅整個航道的安全，尤其是對海軍艦艇修理、補給、換防，各項行動都有重大的障礙，在這一段期間內，我們冒著敵人的砲火，極力撐持戰局，晝夜不斷的巡弋，截擊偷襲渡江的匪船，任務執行以來從沒有一船漏網，但是海軍艦艇處於艱困的環境下，面臨奸匪密集的砲火，所以也蒙受相當的損害。

四月二十日的晚上，暴風雨開始降臨到揚子江上，戰局突變得緊張而嚴重了，首先荻港至白馬洲一段地區的南岸，一部分陸上友軍部隊叛變，在百餘里冗長的江面，接應北岸匪軍南渡，同時北岸匪軍更以二十多門重砲，控制這段狹隘的江面，在熾烈砲火掩護下，實行強硬渡江，我艦艇在奸匪密集砲火轟擊下，澈夜輪番上下衝殺，擊沉了渡江匪船一百多艘，擊斃奸匪兩千多名，最後由於兩岸受敵，一部分艦艇在艱苦奮戰下，遭受創傷，甚且失去了作戰能力，匪軍便藉機分成幾股渡江，竄抵南岸。接著四月二十二日，安慶、大通、銅陵相繼失陷了，江陰要塞又突告叛變，利用重砲封鎖江面，這時南京對岸的江浦鎮也被匪軍攻佔了，南京下游自大江口經三江營直至江陰天申橋一帶北岸，盡被匪軍控制，設置了大量重砲，造成了長江上一個絕望的火網，企圖將海軍艦艇一網打盡，當時海軍

的處境，是非常危殆的，長江戰區已經陷於一片混亂的狀態，海軍艦艇在重圍中，只有孤軍奮戰一番了。

二十二日深夜，海軍總部接奉層峰命令，實施全面突圍，當時分佈在沿江的艦艇，安慶方面還有四艘，銅陵江面有兩艘，其中一艘被擊毀的還在修理中，蕪湖江面有五艘，南京江面有七艘，鎮江江面有五艘，江陰江面有四艘。砲艇方面，湖口區駐有一個隊，大通區駐有一個隊，蕪湖區駐有一個隊，南京區駐有一個隊，鎮江區駐有一個隊。突圍的計劃是要安慶方面的艦艇首先下駛，逐次會齊蕪湖、南京、鎮江、江陰各區艦艇結隊下衝，做到在航進中互加呼應掩護，聯合結成一道綿密的火網，制壓岸邊匪軍，達成全隊安全突圍的最終目的。但是，由於江陰要塞突告叛變，駐防在該區的第七十八號、第十五號、第二四二號等艦已為叛變的要塞砲台所監視，再三迫降，延至二十二日深夜，迫於形勢，無法再候，於是先行突圍。

二十三日晨間，南京守軍已全部撤離，當時我們集中在下關燕子磯江面的艦艇，軍艦一共有十六艘，其中有五艘是逾齡的老艦（本艦就是五艘老艦中的一艘），預算突圍成功的希望甚微，其餘十一艘是較新型的，只要有決心的話，絕無問題可以達成任務的，砲艇有一個機動艇隊和一個巡防艇隊的一部分，當時負責長江區作戰艦隊司令林遵，奉到率艦突圍下駛的命令後，就在四十七號艦的官廳裡舉行會議，這個會議應該怎麼定名呢？實在是太奧妙的事情，如果一定要解釋的話，那麼只可說是光明與黑暗搏鬥，和正義與強權奮戰的會議。林遵微弱的聲音在會議席上來個這樣開場白，他頹喪地說：「目前，本艦隊全部艦

艇已經陷在幾百里重圍中，根據英國軍艦前幾天的遭遇，他們擁有巨口徑火砲，尚不能衝過匪軍的封鎖線，以我們這樣渺小的艦隊，這樣可憐的火力，能否達成突圍的目的，實在是太大的問題，今天，我請各位艦長來開會，就是討論這個問題，到底盲目地衝出去，或是就地留下來，那得請你們聰明地選擇了。」其實，他是一個貪生怕死的投機分子，看到大陸軍事逆轉，早已立定賣身投靠的主義了，他盤據在旗艦惠安號威迫著一些小型艦艇不敢下駛，但是，這種黑暗的魔力，並不能打擊忠勇的海軍將士們奔向光明的雄心，因此，桂艦長和我當時對林遵的答覆：「最聰明的選擇就是衝。」林遵有見及此，又變了他的花樣，來個投票表決，開票的結果，二票主張衝，四票主張降，另一部分艦長躊躇不決，投的是空白票。

二十三日夜間，第四十七號、第四十八號、第四十五號、第二四五號、第三一一號、興安、美盛及本艦等八艘和一部分小型砲艇，因反對林逆遵之叛變，浩浩蕩蕩聯成了一條鋼鐵的陣線，執行了一項轟轟烈烈的突圍壯舉，當這隊無畏王師沿江下衝時，一面遭受兩岸匪砲密集攻擊，一面和正在渡江的匪船激戰，除了興安、美盛和本艦不幸在航進途中（江陰附近），遭受匪砲擊毀，無法繼續航駛外，其餘均達成任務。「疾風知勁草，時窮節乃見」，這真是一件轟轟烈烈的壯舉，持續了三個多月的長江戰役，也就此暫告結束了。

三、檢討

（一）國軍組織制度戰法必須重訂

過去在大陸上，共匪之所以獲得成功，就是他重現辨正邏輯思想，時時以最新方法克制敵人，他在組織、制度、軍區、民兵、公安、情報、後勤、運動戰、游擊戰……等方面有一整套，上下縱橫有一正體，他把國軍戰法澈底研究以後，就針對著國軍每一攻防祕竅，研成對策，另訂一套反制國軍的戰法，匪軍極講求「積極」、「主動」、「穩蔽」、「迅速」、「機動」、「靈活」十二個大字，這無一而非發揮匪軍特性，尋求敵人弱點，抓住敵軍活動規律，避實擊虛，即打即離，速戰速決，無不因敵軍之習性而反制敵軍，匪之情報組織、機動力、群眾基礎與大補給制度，皆係匪軍作戰的幾張王牌。因此我們對共匪作戰僅僅注重研究戰略、戰術或空洞的方法或枝節的一部分是不夠的，欲克敵制果，也必須在組織、制度、戰法等有一制敵整套體系，國軍復國戰制勝之關鍵，就在於如何籌劃對策，擊敗匪軍那幾個特色。

（二）不可視海軍為防禦的工具

海軍是攻擊的，那怕全般是採取守勢，海軍也要以攻勢行動支持全般守勢，尤其海軍在河川區域作戰，由於江（河）面狹小，腹背易受威脅，艦艇活動遭受限制，機動效率減低，不能充分發揮戰鬥力量，必須有賴陸軍在對（敵）岸建立並確保橋頭堡據點，而且有計劃的配合海軍攻勢擴張戰果，因此我們切不可把海軍看做純粹的防禦工作，其理由如左。

1. 以同等的攻擊力來說，浮動砲臺或移動性極少的艦艇，

在防禦敵軍攻擊方面，不如陸上工事堅強。

2. 以慣於航海的官兵，用於防禦江河沿岸，等於將攻擊力限制在防禦的狹小範圍上。

3. 海軍官兵離開海軍而從事防禦，很容易影響士氣並荒廢技術，這在歷史上已屢見不鮮。

4. 海軍放棄攻擊性能，等於放棄其最有效的本能。

（三）撤退中應充分發揮其主動性與計劃性

此次長江的撤退，事前根本沒有撤退計劃，也不是採取主動的退卻，而是被迫陷於危境以後再採取突圍之方式，因此陷入極端的混亂狀態，弄得不可收拾。根據這一次作戰的經驗和教訓，我們應該做徹底的反省和研究，應該認為撤退是攻防兩種基本作戰形式中之一種正規運動，撤退中應充分發揮其主動性與計劃性，即使在發動一攻勢中，如發覺狀況不利，戰場指揮官往往也可以突然改變原來攻擊計劃而採取退卻，我們應該認為撤退計劃與退守計劃就是軍隊最主要的安全計劃，而不是一種落伍的思想，只有這樣才能保證軍事行動的不致失敗。

（四）革命傳統精神必須恢復並發揚

檢討此次長江作戰以及我們在大陸上的失敗，是由於我們的組織不健全，制度未建立，而一般將領喪失天良，不知職守，廉恥道喪，氣節蕩然之所致，須知我們革命軍人的基本觀念只有「愛」與「死」二字，我們要生，就要為主義為國家轟轟烈烈的生，要死，就要「死有重於泰山」，為了民族生命而犧牲個人生命，為了真愛，不惜一死，並可以說求仁得仁，死得其所，我們明白了這個道理就絕不會怕死了。總理傳授我們這「不怕死」三字，就是革命軍

人戰勝敵人的唯一要訣，我們若能對這革命傳統精神澈始
澈終，堅持到底，然後纔有「疾風知勁草」、「時窮節乃
見」的泣鬼神動天地的悲歌慷慨革命事蹟的表現。因此，
國軍軍官必須在哲學修養上深下工夫，以恢復並發揚革命
精神，完成復國建國大業。

● 方子繩

作戰時級職：海軍永翔軍艦少校副長

撰寫時級職：陸軍供應司令部運輸署水運組海軍中校
副組長

作戰地區：江陰至三江營一帶

作戰起迄日期：38 年 1 月至 5 月

長江江防戰役

剿匪戡亂戰役中，因共匪當時無海軍，故我海軍在大陸撤退之前，對匪作戰均以艦砲支援友軍（陸軍）。

第二次為長江江防戰役，時於卅八年一月至五月，我艦防區自江陰至三江營，先後在三江營、十二圩、天星橋等處支援友軍，砲擊匪軍達五千餘發，最後因本艦機件發生故障，在天星橋艦首被砲擊中三彈，官兵稍有微傷，乃逕駛上海修理。在此役中，友軍空軍亦曾參加，惟因所投炸彈數量過於稀少，且轟炸目標不正確，似無收到效果。對匪作戰係能以猛烈砲火壓制摧毀敵人外，否則勿作零星盲目發射，因射擊或轟炸不正確，不特不能予敵人威脅，反而壯大敵方膽量，以徒消耗我方彈藥。

檢討此役：一、不了解敵情及與友軍缺乏通信連絡，是和膠東戰役犯了同樣的毛病。二、長江江面狹而窄，水深不一，艦艇活動範圍受限制，海軍艦艇處於此種情勢，需要陸軍固守陣地保護匪砲射程以外，以確保艦艇安全，同時海軍則以艦砲掩護陸上友軍支援作戰，倘陸上友軍不能固守陣地，敵人接近岸邊，海軍艦艇因受江面寬度與水深，航行受限制，則不能不離開該區域而免處於敵人砲火射程之內，遭受砲火威脅。然此均與通信連絡及

瞭解敵情有關。

　　經兩次戰役考驗，軍方最大缺點均以不了解敵情為遺憾。孫子曰：「知彼知己，百戰不殆，知天知地，勝乃可全。自古故明君賢將，所以動而勝人者，先知也。」由此可知為求勝敵人，必須先知，即應當預先澈底瞭解敵人，然後針對其不利與缺點予匪致命的打擊，制匪死命。今後我反攻大陸，對匪作戰以往所犯的缺點應當特別注意糾正，而獲得我們的勝利。

● 李純成

作戰時級職：海軍陸戰隊第一旅少將薪參謀長
撰寫時級職：台北衛戍總司令部砲兵上校附員

作戰地區：長江南岸、鎮江
作戰起迄日期：38 年 3 月

民三十八年長江南岸焦山鎮江之役

一、剿匪作戰

自民國二十二年至民國二十六年，這一個時期本人尚係排長尉級軍官幹部，雖然在民國二十二年至二十四年時，曾在江西參加圍剿，將廣昌、寧都、石城及瑞金各地匪巢，先後克復，把共匪朱毛匪首趕走，及匪巢搗毀，而使之竄竄，逃經西南至西北延安盤據，當時余任職陸軍砲兵第一旅五團排長連附職務，以不合上級規定心得報告，故從略不多贅述。

二、戡亂作戰

時在民國三十八年春，參加鎮江、焦山防禦戰，擔任封鎖長江，確保京滬衛戍地區防衛戰。奉海軍總司令桂上將之命令，以陸戰部隊砲兵上校指揮官，臨時調任焦山活動要塞指揮官，任海軍第二艦隊在鎮江防禦協調作戰，阻止匪軍渡江，確保京滬地區，自二月間部署完成，先後奮戰多次，至奉令撤退至上海集中，為期雖暫，就我作戰之目的分述如左。

1. 概述我軍番號

為現屬之砲兵十六團，陸戰隊一個團，步兵一營，平射砲兵一部約一營，臨時編成之，要塞砲六尊，及第二艦隊艦艇共 21

隻，與第四軍協同防禦南京至江陰一帶陣地，編制裝備多係美式、部分係俘獲日軍武器，戰鬥序列以海軍艦艇突擊，我砲兵阻止敵軍渡江，掩護我軍逆襲，並協同第四軍渡江攻擊，任務達成，毫無遺憾。

2. 作戰前之狀況

自徐州會戰國軍失利，以部隊傷亡過重，統帥部為調整部署，加強整訓，糾正國際人士觀念上之錯誤，並馬歇爾為共匪張目和平討價，以及其誤解共匪偽裝和平之錯誤觀念，及扭轉當時徐州失利之危局，確保首都南京及上海，隨展開長江堅固防禦工作，俾我國軍士氣提高，民心傾向。不料三軍將士雖用命殺敵，而少數敗類黨棍、政客以及叛徒認為大勢已去，投降靠攏，反擊政府，毀謗領袖，從事一切破壞工作，致整個作戰計劃與國策，全部遭到打擊，失去大陸。其間雖然對長江北岸匪軍攻擊多次，將士用命，擊滅匪圖渡江部隊三個縱隊之多，終因江陰要塞叛變，受命撤退，至上海集中。余以林遵叛變，海軍艦艇無法指揮，忠貞者，衝出長江向上海集中，我砲兵及陸戰部隊忍痛轉進，脫險至上海待命。余生平作戰不論對討逆、抗日、剿匪，均依戰鬥部署，作戰計劃，澈底奉行層峰命令，殺敵致果。惟有此次戡亂，確保京滬要區，在戰鬥激烈中，將士用命時，受到叛逆戴戎先及林遵投降，而遭致不可估計之失敗與損失，此一國破家亡之慘痛教訓，足使人人痛恨，至死不忘，今後欲求反共抗俄最後勝利，不僅在兵學、科學上嚴加研究，尤對哲學革命思想，更應特加研討，要確遵國父遺教、總統訓詞來實踐篤行，庶幾可以發揮革命力量，完成革命第三期任務。

● **周槐文**
作戰時級職：海軍美亨軍艦上尉副長
撰寫時級職：海軍中興軍艦中校艦長

作戰地區：長江流域（九江以下）
作戰起迄日期：38 年 3 月 1 日至 4 月 24 日

長江江防各戰役及突圍作戰詳歷心得

一、民國卅七年歲末，余奉海軍總部命自惠安軍艦艦務官職務調
美亨軍艦副長，美亨軍艦裝備優良，計 40 公厘口徑雙管主
砲乙座，20 公厘機關砲 16 門，定員共官兵 86 人，雖屬艦
齡稍老，然戰鬥力甚強，由於無適當作戰，故當時本艦之任
務即為駐防，當時之艦長為陳紹平中校。余於報到後，本艦
即作啟航前之整補準備，預定開往蕪湖一帶參加第二艦隊之
戰鬥序列，三十八年元月間本艦即駛蕪湖駐防。

二、作戰前之狀況：三十八年初我軍即以徐蚌會戰失利，我匪各
在長江南北岸對峙，情況緊張，余受命於危難之中，當時美亨
艦靠泊上海海軍碼頭，為期能迅速完成各種部署與確實掌握
部隊，以應將來艱鉅之任務，一面利用短短之二週時間調製
各種部署表，一面加緊訓練，尤其著重於實際之演習。啟航之
日，余以副長資格集合全體官兵實施訓話，以鼓舞士氣，在前
赴防區時間，本艦自超過南京以後，即進入戰備狀態。

三、本艦之第一個重要任務為在西梁山地區支援我陸軍部隊一個
團固守江北之橋頭堡陣地，經過艦岸間人員一度聯絡以後，
協防工作便已開始，自從三月一日至三月底，本艦協助友軍
堅守西梁山橋頭陣地，擊退匪軍凡六次之多。本艦 40 糎砲

雖限於彈道之低伸與射程之短少，但由於射手之技術純熟與
協調之確實，加之以該項火砲為連發裝置，對敵之創傷極
大，故最後殊殲滅敵人前後凡五百餘人外，並已阻止敵人利
用東西梁山渡江之迷夢。三十八年四月廿一日，本艦在西梁
山河面之防區接獲命令，前往蕪湖上游一帶限匪渡江，當時
由安東軍艦指揮，二艦一併前進，沿途夜間航行，兩岸情況
不大明瞭，及船抵蕪湖上游之河川轉彎部時，當時任指揮之
安東艦即指示本艦行駛在先，此時余與艦長位置於駕駛台，
正以望遠鏡遙望北岸敵情，只見一片青野，甚少人物行動，
間有一、二女兵身穿草黃衣服，及余轉移視線於附近之民房
時，發現一般即非正式住屋亦充滿人員，間有向外瞭望者，
余深以為異，判為匪軍潛伏，當即報告艦長請示開砲向北岸
威力搜索，未為艦長允許，此時正為凌晨七時左右。及本艦
繼續前航約四十分鐘，忽於當前遙見一帆船舢舨自南岸駛
返北岸，余即命以喊話，飭知該舢舨駛近以便檢查，該艇不
予置理，續向北岸前進，余即命20糎砲對該艇射擊一發，
該艇一方以機槍、手槍向我還擊，並趕快靠近北岸，旋匪岸
砲即連續向本艦射擊，本艦命中匪砲彈八發，駕駛台磁羅經
被穿甲彈擊碎，艦首水下部分進水情形甚為嚴。當時奉艦長
命一面回航脫離戰場，一面搶救，殆至蕪湖附近，艦首部分
儲藏庫及空裝水艙已入水達五呎之譜，於是乃在蕪湖以北之
長江南岸搶灘，先行堵漏並略作休補與整備工作。廿二日白
晝全天休息，旋即奉命駛南京燕子磯河面集中，本艦於廿二
日下午駛抵泊地，至次晨發現該處江面集中友艦五、六十艘
之多，本艦仍在南岸搶灘。三月廿四日午間艦長正離艦赴第
二艦隊部開會，余在艦奉到總部一緊急命令，要旨為限南京

附近艦艇即於四月廿四日下午四時即行向上海轉進，突破江陰敵封鎖線通返上海基地，沿途並有飛機之護航。余即命全艦作啟航準備，及至下午四時艦長開會仍未回艦，余即親自指揮發動主機，準備將本艦先行退出灘頭，然後執行突圍命令，退出灘頭後艦長即已返艦，於是即拔錨啟航，本艦沿途經過鎮江焦山時並未受匪砲射擊，及到達三江營江面即受匪岸砲射擊，同時兩岸敵機步槍火力亦向本艦集中，余即親赴艦首指揮射擊，以高度火力制壓匪方火力，率能渡過該處江面，及後沿江敵火力雖多，但以時當晚，適夜濃霧，敵甚難發我艦。次晨三時左右本艦通過江陰時，匪要塞砲不斷向我射擊，但均超越我艦桅頂而過，本艦未蒙損失。次晨五時四十五分左右，本艦首先抵達吳淞口附近，達成突圍任務。

四、本艦在長江駐防及最後之突圍作戰，先後共約三個月，當時之損耗概況因諸種案卷已不在手上，故無法獲得詳確資料，就記憶所得除艦體部分受嚴重損壞外，戰士余達鶴一名陣亡，槍砲上兵陳宗武負傷，及磁羅經一個被擊毀外，其他尚少損失。

五、檢討

（一）河川陸海協同作戰首重協調，若能通信上保持密切連繫，雖平射之海軍砲亦可能作超越射擊。

例證：西梁山之役，匪我陸上部隊只佔領相距約三百公尺之前後二個山頭，但於我艦以 40 糎砲實施超越射擊時，陸上部隊仍感滿意。

（二）河川作戰時艦艇應嚴防敵之截斷包圍。

例證：本艦在蕪湖上游作戰之役，本艦即為匪誘至其預定地段，深入其火網，致蒙重大損害，如能預先以火砲作威力搜索

射擊，不致受害如此之重。

（三）渡江作戰為兩岸均發於敵我對峙形勢，若能以岸砲集中部署於預定渡河點之兩端形成走廊，則敵方雖有強海軍協防亦能順利渡河。

例證：此役敵在蕪湖上游以岸砲形成封鎖，使我艦隻無法接近其渡河點。

（四）夜間航行，敵岸砲射擊因河面廣闊，敵機步槍如欲發揮效能，必須推進至河岸水際，如此河岸之水陸交接線夜間形成良好之目標，故制壓極生效力。

例證：此役我艦於長江突圍戰在三江營附近及受匪北岸部機槍威脅，但余指揮艦砲密集沿河道向水陸邊沿之界線瞄準射擊，其制壓效果甚大。

（五）夜間作戰若視度不良，則用透賓機之艦隻比內燃機之艦隻較易為敵所發現。

例證：透賓機裝置之艦隻煙囪冒煙目標甚大，內燃機裝置者則無此弊，其機械聲音雖可作暴露其位置之準據，但因內燃機聲音於黑夜中事實即如雲中之飛機，肉眼不易發現。

● 桂宗炎
作戰時級職：海軍永修軍艦少校艦長
撰寫時級職：海軍峨嵋軍艦上校艦長

作戰地區：安慶江面

作戰起迄日期：38 年 3 月 28 日至 4 月 15 日

安慶保衛戰追憶

　　民國三十七年三月奉海總部令赴台灣左營接收美贈艦 AM274 號（永修軍艦），擔任預備艦長職務，抵台以後該艦尚未抵台，候三閱月，於七月一日始由菲拖帶來台，乃於當日率官兵十人前往接收。該艦自二次大戰以後，即於菲除役廢泊，保管無人，至接收時艤裝已拆卸一空，內艙二極零亂，輪機情況尤惡，乃積極整理並陸續增補人員，於同年十月赴上海江南造船所開始大，修奉令正式成軍頒發，編制定名永修軍艦，並奉令任命為該艦第一任艦長。卅八年二月大修工程大致完成，編制官兵亦陸續補足八成之數，乃致力於成軍之各項訓練，於三月八日奉命駛南京駐防。

　　是時徐州會戰失利，人心浮動，我領袖亦被迫引退，中樞領導乏人，局面混亂，乃有和談之議，正密雲不雨之態勢，永修艦於鎮江停二日，於十二日抵南京報到，泊下關候遣。

　　三月廿六日晚總部三署署長王天池上校蒞艦指示，安慶已發生戰爭，令即駛赴增援，務必確守安慶，以利四月一日開始之和平談判。永修艦乃於當夜拔錨逆流上駛，廿八日晨抵安慶江面，其時本軍江犀軍艦、永續軍艦及聯勝軍艦均已先抵安慶協同作戰，乃向江犀張艦長報到，聽候其指揮。

　　永修艦駛抵安慶時，我安慶防線守軍第六十八師（僅一師兵力）已自外圍據點撤退，集中兵力於城郊，以期節約兵力。攻城匪軍係劉伯誠部第十、十一、十二，三個軍，及獨立砲兵一個旅，兵力佔絕對優勢，並聲稱於四月一日前佔領安慶。

　　廿八日晚以安慶上游華陽一帶情況不明，奉令前往搜索。廿九日黎明抵華陽江面無法連絡，並遭匪砲伏擊，迨即判定華陽棄守，乃集中火力加以還擊，毀北岸沿江之工事，我無損失，亦未中砲，乃寄碇於附近加以監視。卅日晚復獲江犀艦通知安慶危急，城中起火，乃急回駛安慶以熾盛火力壓制匪軍之人海，穩定戰局。卅一日防城守軍已能確實掌握城區，安然確保陣地。

　　四月一日以後和談進行，匪亦緊縮包圍圈至城區地帶，戰爭零星進行。四月六日司令林遵少將率吉安艦抵安慶指揮，防城守軍亦發現匪正自東西戰線發掘坑道，偷襲城區，且已掘至安慶寶塔附近，師司令部乃下達決心，以兩營之兵力出擊摧毀其坑道，定於八日零時實施，艦隊負掩護支援任務。出攻部隊於深夜二時完成破壞坑道工作，惟匪乘勢發動反攻，人海漫山遍野而來，我方陣地幾無法站穩，經澈夜之砲火壓制，於黎明始穩定陣地，大獲全勝，俘匪二百餘人，斃匪約六千人，劉匪第十軍潰不成軍，次日即撤離戰場。

　　邇後至十三夜，戰鬥轉為零星與局部之膠著行動，永定艦亦駛抵安慶接防，乃脫離戰場，下駛南京整備。

　　永修艦於十六日之戰鬥中，三部發動機陸續發生故障，僅餘乙部勉強使用，予機動嚴重之威脅，及至抵南京以後，亦無法領到配件，影響爾後行動。

　　是役戰鬥中我艦中砲多處，駕駛台亦中砲，副長關儀等輕傷，惟士氣極為旺盛，滿裝之彈藥幾全部消耗，補給不繼，以至

不能不脫離戰場。

　　檢討是役之得失，其優點與重點乃在密切之協同始能獲至高度之戰果，確實掌握預定之戰場，其最大缺點為補給彈藥之不繼與輪機配件之分配存儲未合理想，有以影響兵力機動與運用。

● 陳紹平
作戰時級職：海軍美亨軍艦少校艦長
撰寫時級職：海軍總司令部督察室中校督察官

作戰地區：西梁山黑沙洲

作戰起迄日期：38 年 4 月 7 日至 22 日

長江保衛戰

（一）概述

本人於卅七年四月廿二日接長美亨軍艦後，即奉命擔任巡邏長江中游的任務，初在江陰、鎮江一帶，繼往來於土橋、安慶之間。卅八年四月七日始奉令專任駐防西梁山，協助陸軍作戰，屬第二艦隊第四區隊，駐防友軍有楚同、安東、太原，第二艦隊司令是林遵准將，第四區隊隊長是唐湧根中校。安東、楚同、太原都是老式的淺水砲艦，均裝有三吋砲一至二門，二十五糎砲兩至四門，人員安東較多，其餘各艦則不足百人。本艦編制：官八員，士兵六十八員，武裝四十糎雙管砲一門、廿糎砲六門。

（二）作戰前之狀況

國內政治，外惑於調處，內困於大選，和戰不定，匪更猖狂，總統引退，和談代表北上之後，匪高唱和平渡江，大舉南下，採取鉗形戰術，以包圍首都，上游則選定蕪湖一帶渡江，初匪以廿九、卅兩師進攻西梁山，我陸上守軍僅六十六軍十三旅一營。

（三）我軍作戰指導

1. 作戰指導：協助陸軍保衛重要橋頭堡，以鞏固京畿。

2. 部署：安東艦駐蕪湖，美亨艦駐西梁山，楚同艦駐曹姑
　洲，太原艦駐黑沙洲。

（四）作戰經過

　　四月七日起，匪軍開始進攻西梁山，陸地守軍在本艦有力支
援下（本艦直迫西梁山腳下錨靠灘充分發揮火力），匪七度猛烈
進攻均不逞，傷亡慘重（據十三旅熊團長告我，匪撤退後清掃戰
場時，尚發現匪遺屍四百餘具，其死傷之慘，可以想見），於
十九日向羅字、司法場、張家灣一帶撤退。此役本艦機帆兵陳春
武受傷重，餘均無恙。匪無法攻下西梁山，乃於廿一日轉移目
標，在蕪湖下游之黑沙洲偷渡，廿一日晚十一時，本艦奉前往截
擊時，防守該地之楚同、太原二艦均受重傷，不能應戰，前往截
擊者僅安東與本艦。出發時本艦在前，安東尾隨在後，抵達匪渡
江處，安東艦距本艦五浬，待本艦與匪劇烈砲戰時，安東竟轉航
向後退卻，因此本艦陷入兩岸夾擊中，接戰不到五分鐘，艏中一
砲，一分鐘後右舷中一砲，旋指揮台又中一砲，磁羅經粉碎，幸
未爆炸，得免於難。余怒不可遏，命令繼續作戰，決不後退，並
衝向北岸匪砲火最濃密處，使我之小口徑砲亦有充分發揮火力之
機會。如此惡戰又過了五分鐘，本艦又連續中砲五砲，兩砲在水
線下，艙內進水，軍品起火，艦身傾倒，不得不撤退，迅駛蕪湖
附近搶灘得免沉沒。此役無陣亡，僅槍砲官王兆勝、輪機官鄭祥
鵠、槍砲士劉克伯、信號兵余達鶴、輪機兵陳樹堯受傷。

（五）戰後狀況

　　匪於渡江處以重砲控制江面，無空軍協助，渡江成功，首都
陷入包圍。

（六）檢討

由於本艦在西梁山及黑沙灣作戰經驗，渡江不是一件容易的事，然而為什麼共匪是一舉而渡過，並於短時內席捲了江南半壁河山呢？主要原因是我們作戰指導的誤差。當東北方面戰事節節失利時，我們的目光上不轉而注視江南，僅積極部署徐蚌會戰，作孤注一擲，以致全部精銳喪失殆盡，無力南顧，江南成了真空地帶，共匪可以隨時隨地渡江了。如果沒有徐蚌的會戰，將精銳移守長江要隘，配合海空軍機動支援，如本艦與十三旅守西梁山一樣，那怕共匪會插翅飛過長江不成？！我們只要支持到半年，形勢就大大的不同了。

附表一　部隊編制裝備與實有兵力比較表

部隊番號：美亨軍艦

編制數		實有數	
官	8	官	7
士兵	68	士兵	65
火砲	10	火砲	12

附表三　參戰及傷亡人馬數目統計表

部隊番號：美亨軍艦

參戰數		受傷	
官	7	官	2
士兵	65	士兵	4
小計	72	小計	6

黑沙洲戰役略圖

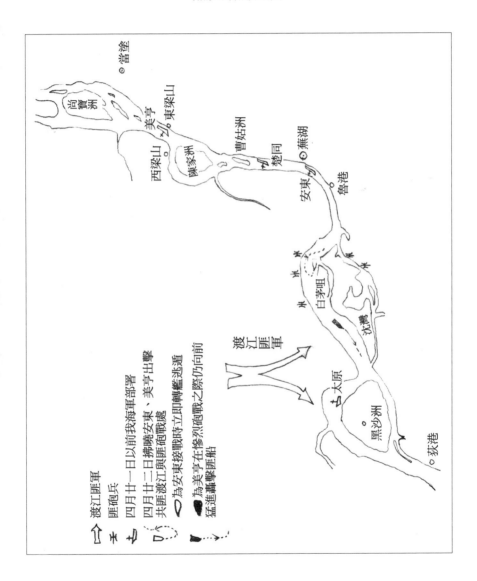

● 邱仲明
作戰時級職：海軍營口軍艦中校艦長
撰寫時級職：海軍驅逐艦隊司令部上校副司令

作戰地區：鎮江至上海

作戰起迄日期：38 年 4 月 15 日至 23 日

戡亂長江戰役暨率艦突圍經過

一、概述

　　民國卅七年十月一日於奉令調任海軍營口軍艦中校艦長，營口艦係日本賠償我國之砲艦，原名海防 67 號，係日本 NIIGATA 工廠製造，於 1944 年下水，排水量 820 噸，航速 16.5 節。我國接收後，加裝武器，計日式十二公分主砲一門，美式三吋砲一門，美式 40 糎砲一門，日式 25 糎雙聯裝二座、單裝二座，共六門，日式 13 糎機關砲四門，編制員額計官 24 員、兵 99 員，於民國卅六年十月十日正式成軍，第一任艦長為蘇聿修中校，隸屬海防第二艦隊。

　　余接任後駐防蕪湖，奉令兼任慶蕪區江防指揮官，正值徐蚌會戰，匪軍擾竄長江北岸，余率防區各艦艇（營口、楚同、永績、美享等艦，及第五巡防艇隊砲艇廿艘）嚴密部署，晝夜巡弋，並與友軍協同清剿江心洲、黑沙洲、大黃洲各地散匪，以固江防。

　　卅八年三月十一日奉海總部肅查鄰字第 311 號令，調整艦艇防區駐地，營口艦調駐鎮江，余奉令兼任第二江防區艦艇指揮官，轄防區艦艇營口、楚觀、聯華、威海、聯勝等艦，及第三機動艇隊艇十七艘，擔任界河口至鎮江一帶防務，配合第一綏靖區

作戰。

二、作戰前之狀況

　　自徐蚌會戰後，朱毛匪軍漸次向長江沿岸各地集結，卅八年四月上旬，匪軍竊佔我長江北岸若干據點，並在儀徵、三江營等處設置重砲轟擊來往艦船，企圖阻止我艦艇活動，以達到其攻佔北岸橋頭堡，遂行其渡河之陰謀（匪軍兵力不詳）。

三、我軍作戰指導（計劃部署）

（1）當時我軍艦艇作戰任務，為協同陸上友軍作戰（殲滅進犯匪軍），以確保長江安全，固守北岸橋頭堡（未頒發作戰計劃）。

（2）長江下游江防區艦艇部署（卅八年三月十一日海總部肅查鄰字 311 號令）

江防區	艦艇指揮官姓名	防區	駐防艦艇	備
第一江防區	威海艦長吳柏森兼	白茆口（不含）至江陰上游界河口（含）	軍艦：威海、逸仙、信陽 砲艇：第一巡防艇隊防艇八艘	配合淞滬，威海未到前，暫由逸仙艦長宋長志代指揮官
第二江防區	營口艦長邱仲明兼	界河口（不含）至鎮江（含）	軍艦：營口、永修、楚觀、聯華、惠安 砲艇：第三機動艇隊十七艘	配合第一綏靖區，營口艦長未到防前，由威海艦長吳柏森兼指揮官
第三江防區	永綏艦長邵侖兼	鎮江（不含）至銅井（含）	軍艦：永綏、永定、聯勝 砲艇：第一機動艇隊十六艘	配合首都衛戍區
第四江防區	安東艦長唐永根兼	銅井（不含）至荻港上游金牛渡（含）	軍艦：安東、楚同、吉安、永績、太原 砲艇：第五巡艇隊廿艘	配合第七綏靖區
第五江防區	江犀艦長張家寶兼	金牛渡（不含）至湖口（含）	軍艦：江犀、英豪（聯光替修） 砲艇：第二機動艇隊十艘	配合第四綏靖區

四、作戰經過

　　卅八年春，營口艦因主機發生故障，奉命自蕪湖防區駛滬修理。四月初，長江情勢告急，時艦上機件尚有部分修理未竣，然官兵殺敵情緒極為高昂，乃自動請求提前返防，參加長江保衛戰。是時，長江北岸完全為共匪控制，三江營口等處匪軍且設砲兵陣地，架設重砲轟擊來往艦船，英艦倫敦號、紫水晶號等均遭擊重傷，本軍永勝、楚觀兩艦亦被擊受傷。余等之上駛鎮江，在共匪視之無異自投羅網，然余等殺敵心切，抱定與長江天塹共存亡之決心，毅然深入重圍，與友艦共赴危難。四月十一日駛高橋加油，翌日駛抵江陰，奉命候美盛、武陵兩艦到達後，掩護該兩艦衝過三江營。十五日下午該兩艦同時啟錨上駛，當時余判斷三江營共匪重砲威脅區域為自口岸至天伏洲一段水道，全長約十二海浬，以當時三艦同行逆流之速率九節計算，通過此水道需時一小又廿分，余決定在天全黑後、月出前通過之，當日月齡十八，月亮昇起約在八時一刻左右，天全黑則在六時五十分。下午五時許駛進口岸，營口艦領先，美盛居中，武陵艦殿後，因天時尚早，在永安洲拋錨稍候，天黑後繼續前進，三艦均在備戰狀態中，且互以無線電話連絡。過口岸時發現共匪探照燈光，向江面搜索，且有紅色信號槍一響射於空中，顯係通知匪砲兵陣地有船航近，斯時北岸有零星機槍及步槍向我艦射擊，余令各艦暫勿還擊，以免暴露目標。八時許，三艦航近三江營，為匪砲兵發現，當即向我艦發砲轟擊，第一砲係瞄準營口艦，方位異常準確，砲彈自桅頂掠過，時余與航海官、槍砲官在艦橋督戰，匪砲不斷射來，彈如雨下，不幸匪軍估計距離稍遠，未被擊中，余即令右舷全部火力壓制敵方，數分鐘後，匪砲漸趨沉寂，我艦續以艦尾四吋七主砲掩護武陵、美盛安全通過。當晚抵鎮江，該兩艦

繼續上駛赴京，余因接獲情報，知新洲匪軍向大沙滲入，保安團
隊以眾寡懸殊，向南岸撤退，同時據報匪有在荷花池建立砲兵陣
地之企圖，乃連夜折返諫壁江面，以重砲摧毀匪上未完成之砲
位，並掩護北岸友軍安全南撤。十六日午後始返抵鎮江，向第二
艦隊司令部報到，並接替第二江防區艦艇指揮官之任務。是夜十
時十二圩告警，據報匪軍以兩師兵力進犯，守軍僅約一團人，據
守江邊陣地，節節抵抗。余當即率營口艦及聯華艦前往支援，抵
馬家口與友軍取得連繫，並約定無線電話呼號波長及通話方式，
兩艦旋駛抵北星洲附近，擇定射擊位置，以排砲向匪軍陣地猛烈
轟擊，每次發砲後，即以無線電話與友軍聯絡，然後根據彈著點
情形修正砲角，故彈無虛發，匪軍死傷累累，旋接報告，匪因傷
亡過重，後退整補，攻勢稍漸和緩。十七、十八兩日竟日酣戰，
我方不斷以艦砲支援，匪軍未敢越雷池一步，乃另遣一部至土橋
等地竄擾，圖對守軍採取大包圍策略。十八日夜匪大量增援，使
用人海戰術，不計犧牲，瘋狂猛撲，守軍亦以傷亡甚重，縮短防
守正面，灘頭陣地逐漸縮小，我艦仍在附近支援。迄十九日下午
七時，守軍大部壯烈犧牲，僅存約一排人，被迫退守北星洲，
十二圩遂告失陷。廿日晨北星洲亦告棄守，余於掩護友軍安全撤
至馬家口後，急率營口艦駛往瓜洲附近，因該地守軍一營人被數
倍之匪軍三面環攻，情勢急緊。抵瓜洲後與友軍聯絡，決定掩護
該部守軍轉移至六圩港與當地守軍會合堅守，因六圩港在鎮江對
岸，形勢險要，關係鎮江安危，勢在必守，並於當日黃昏由我艦
掩護該部自陸路循江岸安全突圍抵六圩港。廿一日午間，我艦於
巡弋都天廟水道一帶後，返抵鎮江稍勢整補，當夜六圩港情勢惡
化，各方匪軍艦次逼近，此鎮江北岸惟一僅存橋頭堡危在旦夕。
夜十一時接獲情報，知匪已接近江邊，乃率營口艦及聯華艦駛往

支援，同時威海艦亦於鎮江港內以長射程主砲聲援，旋得守軍電告，匪軍三面圍攻，已進入鎮內，我軍退守江岸，正激戰中。我艦乃使用大量燃燒彈轟擊之，致全鎮陷入火海，匪軍傷亡枕藉，我艦連續射擊達三小時，砲洗六圩，是役斃匪數以千計，我軍陣地乃克安然固守。廿二日晨八時，奉第二艦隊司令部麥參謀長士堯命令，掩護六圩守軍撤退，余以六圩處鎮江對岸，江面寬僅四、五千公尺，若陷匪手，我駐鎮艦艇受匪砲威脅，將無立足之地，乃急折返鎮江面呈麥參謀長報告情形，並請電話總司令請示，十一時許總司令電諭：「六圩守軍係奉令撤退，我艦艇應死守鎮江待命」等語。是時威海艦長吳柏森、楚觀艦長劉初、聯華艦長黃大川、聯盛代理艦長王鵬舉、第二砲艇隊隊長查良煦等均在艦隊司令部，奉令後當即舉行會議，決定各艦應將彈藥糧秣補足，集中焦山南面小港內死守待命，以避北岸匪砲轟擊，必要時且可將艦砲拆上焦山與砲臺官兵協同死守，以保衛鎮江。決策既定，乃派砲艇前往焦山小港測量水位，午後四時砲艦回報，小港入口處水深僅三呎許，各艦均無法駛進。斯時江陰要塞叛變消息亦已傳來，鎮江情形復現混亂，乃再電總司令請示，旋得第三署王署長天池電示：「情勢危急，永修、永嘉等艦擬於本晚自京突圍東下，鎮江各艦可俟該艦等過鎮時同行突圍駛滬」等語。余當即邀請各艦長同往營口艦舉行祕密會議，一致贊同本晚突圍，余以永嘉、永修等艦預計天黑後離京，需在夜晚十二時左右始克過鎮，我艦等如俟十二時始啟航，因楚觀等艦速率甚差，將不克於天明前衝過江陰砲臺，恐將為匪砲擊傷，為求各艦皆能安全突圍計，余乃提議由營口艦於當晚九時半率各艦離鎮江下駛，獲各艦長同意。八時半會議完畢，各艦長分頭回艦準備啟航，預定時間既到，各艦相繼起錨，以五百碼距離成隊下駛，各艦在備戰狀態

下，以每小時八節速率滅燈航行，序列如下：營口、威海、楚觀、聯華、聯勝，將近荷花池，敵似已發現我艦航過，不斷以巨型探照燈向江面搜索，未幾，敵砲向我轟擊，一時彈如雨下，水柱在艦身左右搖擺，惟大部落於南岸之水中，無一中的。過馬鞍山後，匪砲轟擊稍稍，此後直迄江陰，一路尚稱順利，甚至三江營亦平安渡過，事後獲知該晚匪軍大舉渡江，已將三江營重砲大部移至荷花池陣地，而將自江陰至荷花池一段江面嚴密封鎖，希圖安然偷渡，而我艦等竟能冒險衝過荷花池，實出匪徒意料之外也。未幾即見成千匪帆船滿佈江面，自北岸各河口逸出，向南岸移動，匪軍已顯在開始渡江，余即一面以無線電報告上海第一軍區司令部，一面開砲射擊，並盡量以艦首撞沉之，綜計被我艦撞沉與擊沉之匪船達十餘艘之多，其上所載匪兵數百人盡皆淹斃。凌晨二時許航近江陰，北岸八圩港匪軍首先發我艦，並以小鋼砲及機槍向我射擊，有數彈擊中船舷，惟無損害，旋江陰要塞黃山、長山各砲臺相繼以巨砲居高臨下向我艦射擊，情勢頗為危急，左右舷數公尺外水柱衝天，我艦以最高戰速航行，幸是時大霧瀰漫，匪砲瞄準不易，我艦乃克脫出魔掌。喘息甫定，忽聞威海艦無線電呼救信號，稱該艦不幸在江陰附近擱淺，被匪砲環擊，時我艦右主機適損壞待修，且霧迷航道，無法折回救援，乃電後繼之楚觀等艦設法助其脫險。其時濃霧益重，我艦迷失船位，後根據江陰砲臺之最大射程，估計我艦約在長山下游約一萬二千碼處，又因水面浮筒燈皆被匪先行除去，乃以測深錘探測水深，減低航速，摸索前進。三時抵新港附近，又發現大批匪船自北岸向南移動，余乃令全艦大小各砲齊放，盡力痛殲之，不一時匪船大部被毀，殘餘少數倉皇入北岸小河內，江面杳無帆影，僅見亡命者與木板散浮水面。是役我艦擊沉匪船十餘艘，並擄獲一

艘，船上匪兵十三名，包括匪班長一名、匪指導員一名全部被俘。天明時我艦已駛近天生港，並與下游巡弋艦隻信陽、逸仙等取得聯繫，旋得後繼各艦電告，知均已安全衝出江陰，僅楚觀艦稍有傷亡，威海艦擱淺後被擊起火，各艦無法駛近救援，遂致陷匪，殊堪痛惜。廿三日午後，營口、楚觀、聯華、聯勝四艦先後駛抵上海高昌廟，圓滿達成突圍任務。

五、戰鬥後狀況

　　余率營口艦於四月十五日衝進重圍，迄廿二晚率各艦突圍，先後轉戰鎮江上下游，激戰八晝夜，斃匪無數，突圍時並擊撞沉匪渡江船隻數十艘，俘獲匪船一艘，俘獲匪兵十三名，押返上海交由第一軍區司令部處置。營口艦甲板上雖彈片累累，幸官兵無一傷亡，士氣高昂，愈戰愈勇，咸抱有我無匪之決心，誓滅朱毛之信念，奮勇赴敵，意志堅強，故返滬後復參加淞滬戰役，繼續其殺敵報國之神聖使命。

六、檢討

1. 當時長江北岸若干據點均已失陷，匪在各要點（如口岸、三江營、儀徵一帶）設置重砲，我艦艇在江面航行，目標暴露，屢受轟擊，行動困難。

2. 我艦艇作戰，上級未頒發作戰計劃，僅憑艦長相機處置。

3. 情報太差，關於匪軍兵力動態，當時在艦艇毫不知悉，僅憑友軍無線電話聯絡，指示目標發砲轟擊。

4. 對陸上友軍情況不詳，作戰前既未協調，作戰時通信亦欠靈活，協同作戰殊感困難。

● 趙剛
作戰時級職：海軍信陽軍艦少校副長
撰寫時級職：海軍玉泉軍艦中校艦長

作戰地區：長江江陰突圍

作戰起迄日期：38 年 4 月 21 日至 22 日

戡亂作戰戰歷心得報告

　　三十八年春，赤匪猖獗，朱毛匪幫在其主子俄帝主使下，以煽惑、引誘、挑撥、離間、分化、滲透、巫術、詐術的「宣傳鼓動」手段，從事政治作戰，積極施展侵略、江北泰半被匪佔據，軍事逆轉。信陽軍艦奉令駐防長江巡弋，四月廿一日晚信陽艦正錨泊江陰，詎江陰要塞司令變節降匪，匪方風船麕集，雙方發砲劇戰，信陽艦中彈數枚，傷亡官兵十餘員，嗣信陽艦白樹綿艦長與同泊江陰之逸仙艦宋長志艦長商酌決策，並電呈海軍總部司令請示機宜，奉示「相機處置」，乃決定以「開始拋錨」為掩護，實施突圍，趁黃昏黑夜高速下駛，雖經匪砲夾擊，終於突破火網，完成突圍。四月廿三日抵滬整補後，奉令駛台，嗣奉頒六級寶鼎勳章乙座，斯役所得教訓，深感政治教育與革命哲學基礎之重要，我們必須官兵團結，組織嚴密，政治教育普遍深入，使各種部署縝密妥善，奉行領袖創立給我們的革命哲學，實行黨政軍聯合作戰，完成反共抗俄復國建國的偉大使命。

● 桂宗炎
作戰時級職：海軍永修軍艦少校艦長
撰寫時級職：海軍峨嵋軍艦中校艦長

作戰地區：南京江面以迄江陰要塞

作戰起迄日期：38 年 4 月 21 日至 25 日

長江突圍追憶

　　永修軍艦於四月十六日自安慶戰場駛返南京，沿途均與匪軍遭遇砲戰，幸無損失，抵南京後蒙故前桂總司令召見垂詢戰況，並領授寶鼎勳章，一面積極整補，一面候令行動，惟以南京並無發電機配件存儲，輪機情況迄無法改善。

　　四月廿日夜和談破裂，戰爭復起，浦口方面之砲聲清晰可聞，以後幾日戰事步步失利，而各方面情況趨於嚴重與混亂，在京各機構紛紛撤離，人心至為浮動，除一面以砲火協助浦口守軍奮戰外，情況至為混淆。廿三日午桂總司令蒞艦指示機宜，並告知江陰要塞叛變，戰事急遽逆轉，並指示分兩批突圍，先駛鎮江，繼駛上海，當晚復接總部通知鎮江情況不明，先駛鎮江之突圍計劃暫緩，以後聽命林遵司令採取突圍行動。是晚零時以後，下關情況亦趨混亂並起火，槍聲迭起，延及碼頭一帶，聯絡亦告中斷，乃於晨三時駛離下關，移錨草鞋峽，與司令林遵會合計劃突圍。

　　廿四日晨集中草鞋峽我軍大小船艇達廿餘艘，上午九時司令林遵於永嘉艦召集各艦艦長舉行會議，透露投匪靠攏之無恥談話，一時與會者情緒至為激動，會議延至下午仍無結果，最後以不記名投票決定仍留泊草鞋峽。

在會議進行之中，鑑於情況之步趨惡劣，危機四伏，乃暗約永嘉艦長陳慶塾少校密談，約於當晚共同突圍，以保存民族之正氣，發揚我新海軍之精神，旋經陳艦長贊同，並密訂通信連絡事宜，會後復又約得永定軍艦艦長劉德凱少校參加行動，並以當時情勢極度混亂，惟恐事洩，進行慎重而迅速。

下午五時返回永修艦，即於艦長室召集全艦主要負責官員告知會議之結果、司令之意圖及當晚突圍之計劃，獲全體之擁護，乃即分頭加緊準備。

下午六時三艦相繼起錨，依預定序列由永嘉前導，永定居中，永修殿後，押陣應變，於備戰狀態下魚貫駛出草鞋峽，航向上海，未受阻撓。

入黑後於鎮江上游十二圩起，即與匪接觸，沿途砲戰，且戰且走，澈夜未停，而匪正利用黑夜以舢舨、木船渡江，充塞江面，沿途均有撞沉及擊沉。抵三江營江面，41 糎砲砲位中砲，槍砲上士郝德鴻當場陣亡，全體砲員負傷並起火，幾延及彈藥，但撲救迅速，未釀成災。迨駛進江陰江面，砲戰進入最高潮，並須顧慮安全，航過江陰封鎖線成敗在此關頭，全力以赴，雖彈痕累累，卒能安全突圍歸隊。

檢討是役，深感作戰之成敗，賴於當面最高指揮官之決心與果敢，足以影響整個局勢，每一指揮官之精神修養與臨難不苟、從容赴義之精神力與志節，實為戰爭成敗的樞紐。

● **聶長孚**
作戰時級職：海軍南京戰勤組上校組長
撰寫時級職：聯合勤務總司令部海軍上校副參謀長

作戰地區：南京下游江面
作戰起迄日期：38 年 4 月 22 日至 24 日

江陰突圍戰役戡亂作戰詳歷及心得報告

一、概述

　　徐蚌陷匪，京畿告急，我海軍總司令部配合政府疏遷滬、台後，為協調管制海軍留京各後勤機構，有效支援衛戍艦艇作戰，特編組海軍南京戰勤組，直隸總司令部，受第三署指導。余於三十八年四月一日卸交海軍第一軍區參謀長後，即奉令繼長該組。迄同月下旬戰局逆轉，乃奉令附搭興安修理艦，突圍轉滬。

二、作戰前之概況

　　和談破裂之日，即奸匪部署完成之時，繼江陰要塞附匪後，京、蕪間匪部復大舉偷渡而進據南京，當面浦鎮之匪亦同時開始南竄，連日以來與我衛戍諸艦砲戰轉劇。四月二十二日晚，海軍總司令桂中將親蒞下關本組面授機宜後，又著海軍留京各後勤機構，迅即整備一切，候令登艦。

三、我軍作戰指導

　　首都棄守，友軍轉進，我京、蕪一帶奮戰諸艦艇為免孤軍深入，奉令於夜暗有利時機，發揮統合衝力，突破江陰封鎖，繼續戡亂作戰。

四、作戰經過

四月二十二日午夜，砲光閃耀，彈落江心，接奉第三署電話指示後，迅即督飭各屬登艦，旋以興安修理艦原司修護支援，無直接作戰任務，乃由下關海軍碼頭移泊巴斗山江面，繼續作業。次晨濃霧瀰漫，信號受阻，為明上游諸艦艇抵達情形，乃輕舟簡從，溯江而上駛達草鞋峽附近，鎗聲轉稠，時朝陽高照，視界漸增，我諸艦早已群立並隱約可見矣，當即折返安頓部屬，搶救傷患，並激勵引水人員工作信心，而聽候開航。傍晚爆聲頻聞，並遙見西方火光燭天，當時也，群情激憤，繼永嘉軍艦啟椗之後，我忠貞諸艦多相率而下，奉行突圍使命，我戰勤組附搭之興安修理艦，以體大速緩，逐漸殿後，但志切同仇，雖火力微弱，仍能全體用命，每經匪岸據點，必不失時機，展開砲戰，惜以孤艦獨撐，員兵傷亡過重，並因艦體多處燃燒，火焰外溢，終至形成顯著目標，航機中彈，而全艦擱淺，加之以附載之陸用彈藥，復相繼引爆，挽救乏術，遂繼艦員之後，捨艦循陸路赴滬向總司令桂中將覆命。

五、戰鬥後狀況

總計是夜，我忠貞諸艦雖多先後衝出，然不幸仍有部分損失，且殉戰官兵多達數百員，總司令部除在滬開會追悼，積極恤死撫傷外，凡損失各艦之官兵生還抵滬，屬於艦方者，設組收容，擇艦成軍，我戰勤組人員，則改派適當職務，參加淞滬保衛戰陣營，余則奉調總司令部第六署第二處處長，職司艦械修補、澈整庫存，支援作戰。

六、檢討

是役也，我海軍為免京、蕪一帶奮戰諸艦，孤軍深入，遂行集體突圍，上級策劃，本屬正確，並證之先日鎮江區諸艦成功之戰例，益增必勝信念，惜以當時之第二艦隊司令林遵，居心事匪，按兵不動，削減戰力，功敗垂成，殊堪痛心。惟往者已矣，今後如何加強軍中人事調查，當為第一急務。復憶當時雖變起倉促，然人獸立分，我多數官兵不負革命薰陶，不計死生艱危，奮勇實行上令，前仆後繼，可歌可泣，著堪告慰耳。至於奸匪偽裝和談，暗事戰備，乃黔驢慣技，國人盡知，今後不致再蹈覆轍，毋庸贅述矣。

● **陳紹平**
作戰時級職：海軍美亨軍艦少校艦長
撰寫時級職：海軍總司令部督察室中校督察官

作戰地區：南京至上海
作戰起迄日期：38 年 4 月 23 日

長江突圍戰

（一）概述

戍守長江各地艦艇，於四月廿三日陸續集中燕子磯附近之芭斗山，計有永綏、興安、武陵、惠安、永修、美盛、楚同、太原、永嘉、永定、永續、吉安、江墘、聯光、美亨等十五艦及第一、第五兩砲艇隊。興安為修理艦，武裝有四十糎砲；武陵為冷藏補給艦，武裝僅有廿五糎砲；永綏、楚同、太原、永續、江墘為砲艦，裝有三吋及廿五糎砲；永修、永嘉、永定為掃佈雷艦，裝有三吋砲、四十糎及廿糎砲；惠安、吉安，武裝約如掃雷艦；美盛、美亨為中型坦克登陸艦，武裝有四十糎砲、廿糎砲；聯光為步兵登陸艇，裝廿糎砲及十三糎槍；艇隊約有砲艇卅艘，均裝廿糎以下之機砲。總計各艦艇員兵約二千人，所有艦艇統由第二艦隊林遵准將指揮。

（二）作戰前之狀況

總統引退，國內情況混亂，匪傾巢南下，江陰要塞叛變，鎮、澄淪陷，蕪湖棄守，首都撤退，退保淞滬一隅，江南北各要隘，如大河口、瓜洲、焦山、三江營、口岸、天生橋、黃山、蕭山、長山、段山，均設重砲，以困我江防艦艇，毋使漏網，雖火

器雄厚，裝甲堅強之英艦倫敦號、紫水晶號、黑天鵝號，於強迫通過江陰要塞時，尚且或沉或傷，況我方指揮官林遵准將決心投匪，群龍無首，突圍時陣營混亂，各不相顧，在此種混亂情形下，突圍能否成功，就靠各艦的技術與幸運來決定了。

（三）我軍作戰指導

　　總司令桂中將把固守芭斗山的十五艦和兩砲艇隊的突圍任務付託給林遵准將，可是林准將反叛了，所以談不上計劃和部署。

（四）作戰經過

　　本艦在西梁山、黑沙洲等地長久作戰後，艦體鱗傷，羅經損毀，機器故障，於廿二日駛抵芭斗山後，即作緊急之搶修，以維航行。四月廿三日午後七時前，本艦尚擱淺沙灘，所幸艦體彈傷漏洞已堵塞完畢，我知道當日的會議不突圍的票決案完全是一種陰謀，各艦長決不會誠心遵守，我當然也是不遵的一個。所以我於返艦後，即作開航和戰鬥準備，（1）檢查機件，（2）試驗浮航，（3）預備彈藥，（4）關閉舷窗，（5）掃清艙面易於引火之物，（6）預備戰鬥衣、救生衣及救生筏等等。各種準備完成後，已是七點過，隨即發動主機脫離灘頭。這時永嘉、永修、永定等艦，亦正起錨，旋即樹 A 旗向下游駛來，與本艦（美亨）會合，美盛、永績、興安、武陵，亦各起錨魚貫在後，鼓輪前進，惠安是司令座艦，始終未起錨，聯光因機器損壞，不能航行，吉安因距離太遠，看不到她行動，而江犀、太原、楚同、永綏等艦的煙筒，均已出濃黑的煤煙，可是她們需要兩三個鐘頭主機才能發動，已經跟不上我們了。

　　這夜沒有月色，星星稀疏，大江壟罩一層薄霧，視界極短，

我艦以勇敢沉著的精神，向前猛進。四月二十三日晚八時十五分過大河口儀徵水道，這時我們的陣容整齊，陸上向我們開砲，我們還擊，曳光彈在空中飛舞，至為壯觀，領江者看到這種驚險鏡頭恐慌極了，堅欲轉航，我的意志非常堅決，不為所動，並命令舵手穩定航行，向前衝！衝！十時許，過鎮江，只有瓜洲有稀疏的砲聲，焦山要塞並未發砲，因此我們很輕鬆地通過這關，接著就是三江營和口岸，抵達此地時，各艦的距離因速率的不同，已經拉得很長，各不相顧，究竟還有幾艦在衝，也不知道，本艦過鎮江不久，看到前面曳光彈又在飛舞，我知道先頭艦已到達三江營，乃重新振作我警報，全艦官兵個個勇敢，迅速地說好，砲位完成戰鬥準備。十一時三十分，我艦到達敵火射程內，大群的砲彈向我方飛來，都在我艦的前後左右以及上空隆隆地爆炸，我艦實力雖不及敵方，但我們的戰士毫不畏縮地勇猛還擊，這條航道最糟的就是完全靠近北岸，如果依照領江的意思，循著正常的航道走，那是很容易中砲的，因此我不照領江的意思，我命令操舵手盡量靠近南岸，我知道南岸水位雖淺，我艦尚可勉強通過，我只想到南岸是安全的，那知道冷不防就被南岸的砲打中了一彈，可憐的信號兵余達鶴當即傷重身亡，這彈並未爆炸，遺留在甲板上，勇敢可敬的盧永鈿上士以最敏捷的動作把牠拋擲江中，中砲後，我急令揮轉砲口猛烈還擊，並採取蛇行航走法，我們在兩面夾擊中，歷時四十五分才能脫離虎口。廿四日一時四十五分，開始通過江陰要塞，這一條水道全長有廿餘浬，從天生橋至段山，兩岸都有重砲扼守，而且有封鎖線阻攔，這時我們的陣容已非常零亂，本艦恐怕是在最後了，我們起初還是以牙還牙的向敵人還砲，但到達黃山時子彈也快打完了，砲管發紅了，我們沒有回敬的能力，也罷，橫豎這點火力，也制壓不住那十吋以上的大砲，

索興停止射擊，加足馬力向前猛衝。倖倖得很，敵人的砲彈總是打不到我們，探照燈也抓不著我們，因為我在江中航走，有如山中狡兔，使敵捉摸不定，但因為航行太曲折，以致幾乎擱了淺，所幸淺灘不高，由於航速高衝力大，艦身向左一偏，硬衝過了沙灘，這是最驚險的一幕。過了連山，就是長山，也就是封鎖線所在地，封鎖線的缺口，平時本有燈船導航，這時當然已被共匪破壞了。我們無心戀戰，均聚精氣神的如何通過這一難關，我從雷達上確定了自己的船位，並找出封鎖線的缺口，減低速度，也就無阻的通過了。過了封鎖線，便是段山，那裡雖也有濃密的砲火，但此處的江面已是很寬，我們有躲避的餘地，我們無心迎戰，避開攻擊照樣的加足馬力衝過去。

（五）戰鬥後狀況

　　這次突圍實有兵力是卅餘艘砲艇和十五艘軍艦，但到達上海的就只有永嘉、永定、永修、武陵和本艦美亨了，美亨是一條受了重傷的破船，當本艦出現在吳淞口時，信號台通知三署，王署長肯定的說：「美亨羅經都沒有了，怎麼會逃得出來」，但鐵的事實是，美亨已靠在高昌廟碼頭了，突圍戰鬥本艦僅傷亡一人，這種奇蹟，也是他艦所沒有的。

　　長江突圍，雖只逃出五條船，但由於這種忠勇事續的表現，足使賊軍胸塞，因此以後凡有海軍一兵一卒所在的地方，賊軍都不敢進攻，就是進攻，由於心懷的恐懼，總是兵敗的，如登步之捷、金門之捷、瓊州海峽之捷，這一連串的勝利，都是種因於此，推而至於共匪不敢越過台灣海峽一步，亦何嘗不是種因於此呢。

（六）檢討

長江突圍，如非林司令的叛變，做有計劃有組織的行動，損失不至有那樣的慘重，據林司令當時在會上的報告：「當總司令交給他這個任務時，他曾請求派大員督陣，總司令也曾經派了幾位大員，但他們都不願意接這命令，而總司令自己也不願意親自出馬。」話是林遵說的，確否我們不得而知，或許是林故意說說，以圖激怒我們的吧，但無論林的話可靠與否，以當時的情勢而論，總部必須派大員督陣，既是責任所在，也是人情上所應有，因為這些艦艇在外苦戰多時，以為跑到南京後就有了辦法（那時陸上的情況艦上也實也不清楚），那知到了南京，仍是一條絕路，林遵叛變了，沒有一個高級的人來照應這群可憐的孩子，無怪乎開會的那天說到這些傷口處，大家都不禁痛哭失聲。我個人還遇到一件最痛心的事，就是當我艦在上游作戰受了重傷跑到南京，當我向總部報到請求應急修理時，負責人居然說：「現在還有誰管你，你自己去想辦法吧！」這種不負責的態度，使我傷心極了，我想總部那次能派大員督陣，林遵的叛變，可能會壓服，同時如能指揮得當，則跑回上海的艦艇決不止五艘。

忠烈姓名調查表

烈士姓名：余達鶴

級職：信號上等兵

所屬部隊：美亨軍艦

殉國戰役名稱：長江突圍

殉國年月日：38.4.23

殉國地點：口岸

部隊編制裝備與實有兵力比較表

部隊番號：美亨軍艦

編制數		實有數	
官	8	官	7
士兵	68	士兵	65
火砲	10	火砲	10

參戰及傷亡人馬數目統計表

部隊番號：美亨軍艦

參戰數		陣亡		受傷	
官	7	官		官	
士兵	65	士兵	1	士兵	1
小計	72	小計	1	小計	1

● **白樹綿**
作戰時級職：海軍信陽軍艦中校艦長
撰寫時級職：海軍指揮參謀學校上校教育長

作戰地區：江陰
作戰起迄日期：38 年 4 月

江陰之役

（一）作戰經過

　　民卅八年初，總統引退，「和談」之風大熾，朱毛乘此心戰收果之機積極作渡江南犯之陰謀，江防吃緊，海防驅逐艦信陽號，乃奉調江防駐南通天生港，旋又奉調上駛，協力逸仙艦守衛江陰。迨四月廿三日晚匪全力渡江南犯，江陰要塞竟以叛變聞，逸仙、信陽二艦陷於重圍，然當時該國軍二艦能相依為命，相互支援，激戰竟日，傷亡枕籍，迄江北橋頭堡撤退完畢，二艦乃相率突圍返滬，激戰中曾擊毀並鹵獲匪浮行堡壘一座及殘生之外籍匪砲手四人（判係日人或韓人），當即押交岸上海軍連絡組。作戰前後共歷三十六小時，信陽艦陣亡戰士六人，被擊毀廿五糎砲乙座，一〇五彈洞穿左右舷，其他彈痕累累不勝枚數也。

（二）經驗教訓

1. 就前線作戰部隊而言，當時總統引退，政府又屈膝倡「和」，處此情況之下，實感進退維谷。

2. 海防驅逐艦調駐江防實覺不便，蓋尺有所短寸有所長，信陽艦艦身長而旋迴徑大，侷處狹僅約五、六百碼之江陰水面，操縱行動既受侷限，而於江上又形成兩岸砲火之直射 point

blank range 之良好目標。

3. 戰場上指揮官頭腦之冷靜與堅持最後五分鐘最為要緊，信陽、逸仙當日之突圍以忍耐心情選在黃昏之後，是故北岸匪砲兵及南岸叛變之要塞砲不下百門，而未致國軍二艦以致命打擊，反之若於白晝憑一時之勇而突圍，以江陰江面之狹，距岸之近瞄準之易，恐難免於難也

4. 情報為我剿匪之致命傷，猶憶匪渡江進犯直前，我駐防軍艦對敵情、友情均欠明瞭，反之匪諜充斥江陰，對我反瞭若指掌也。

5. 江陰要塞當時為國防重鎮，不意竟為匪諜滲透，於戰機初啟即易幟叛變，使在江上衛土之軍艦深陷重圍腹背受敵，尤以精神上所受之威脅實不堪想像也。

6. 匪軍處心積慮之點，頗有值得吾人鑑鏡者，諸如渡江直前其對民船封鎖之嚴密、隱蔽之妥善，從未被國軍發現而集成情報資料，其對困難之克服，諸如以三角草筏代替救生圈，以浮行堡壘企圖過江，其效果雖不顯著，但對朱毛匪幫之士氣影響不可謂不大也。

7. 當時在江陰北岸扼守橋頭堡之國軍部隊（惜其部隊指揮官姓名及番號已不憶及），於匪渡江進犯之前，曾誤遭英國巡洋艦倫敦號之砲擊，於渡江開始後，該部能沉著應戰，並於情況不利時井然渡江南撤，於此誠不願以成敗論英雄，但其沉著有序，願於此致以最大之敬意也。

● 景立承
作戰時級職：海軍聯勝軍艦中校艦長
撰寫時級職：〔未填寫〕

作戰地區：安徽儀真
作戰起迄日期：38 年 4 月

泗源溝戰役

一、經過概要

　　三十八年春四月，余任聯勝軍艦艦長，奉命駐防泗源溝（長江北岸），當時長江防務自安慶以下屬海防第二艦隊負責，而南京至鎮江段則由威海艦艦長為戰隊長負責指揮，泗源溝即屬該段防務。泗源溝為儀真縣屬，距縣城約十餘華里。余到達防地之次日，縣政府派遣兵役科長來艦聯繫，據告情況如次：當面無大股匪軍，僅有小股土共於縣城四郊騷擾，縣城駐有國軍一營、自衛隊百餘人；泗源溝有自衛防十餘人，槍械不全，泗源溝鄉公所有電話可與縣政府聯絡。

　　聯勝艦僅有二公分機關砲四門，對十餘里外之匪殊難發生效力，因於返鎮江補給之便向威海艦長請示，奉指示如有戰事可電告威海艦，該艦即可前來支援。

　　戰事發生於夜間天黑以後（日期已不復記憶），於縣城方向有斷續之槍聲，余當即令槍砲官乘木船（泗源溝無碼頭，本艦錨泊江邊，以木船任交通）至鄉公所探詢，據回報土共數千人攻擊縣城北門，要求支援。本艦因砲口徑過小，無能為力，即電威海艦求援，一面起錨沿岸巡弋，並控制木船一艘令其傳遞消息。不久後槍聲漸密，間有砲聲，縣城方面已有火光，戰況似趨激

烈，此際通至縣城之電話又復中斷，因此情況陷於不明。威海艦於夜十二時左右駛抵（距戰事發生約四時許），余即將目前狀況不明連絡中斷之情形向其報告。威海艦乃以其四吋七口徑主砲向縣城北方射擊，並在江中錨泊，余艦則以慢速沿江巡弋。於次晨一時許截獲木船一艘，上載一人自稱為自衛隊長，保護縣長自縣城江邊退卻，但因中途橋梁被焚燬，該員泅水脫險，縣長可能被俘。余將該自衛隊長送至威海艦，威海艦根據該員之指示，繼續發砲數十發，效果不詳。此時縣城方面火光燭天，槍砲之聲更為激烈。至四時許又於江面截獲木船一艘，上載警察十餘人及警官一人，要登艦送至鎮江，據警官稱縣城已全部陷匪，其餘情況不明。天明後槍聲漸疏，戰況已趨沉寂，情況更為不明，奉威海艦之命返回鎮江。

二、經驗教訓

（一）海陸通信不良，僅藉有線電話通至鄉公所，再派人乘木船來艦通報，費時甚久，且無其他輔助通信手段，一旦有線電話中斷，即無法再取聯繫，情況遂陷不明。

（二）事先無詳密之火力支援計劃，而戰時通信又復中斷，故海軍不能有效發揮砲火威力。

● 景立承
作戰時級職：海軍聯勝軍艦中校艦長
撰寫時級職：〔未填寫〕

作戰地區：鎮江

作戰起迄日期：38 年 4 月

和尚洲戰役

一、經過概要

　　三十八年四月余任聯勝艦長駐防鎮江。十二日晚海軍派至陸軍之連絡官來艦通報鎮江下游和尚洲有土共盤據，陸軍部隊準備以一營兵力於明日拂曉對該洲有所行動，要求支援，當即與其協定行動概要及通信諸元等。十三日拂曉本艦按時到達指定江面，陸軍於和尚洲對岸（長江南岸）開始搭乘木船，本艦即在江面巡弋掩護。八時許船團發航，向和尚洲進發，本艦擔任掩護，此際永嘉、永修、威海等艦均已到達該段江面，向和尚洲開始砲擊，洲上有數處起火。船團接近江岸時，本艦以二公分機關砲及機槍向登陸點附近掃射，數分鐘後登陸開始，在無抵抗下順利完成。爾後之戰鬥亦極順利，可由登陸部隊與旗艦（威海艦）之無線電話連絡中獲知。迄午後兩時，整個和尚洲掃蕩完畢，登陸部隊向江岸集中，登船返航，仍由本艦掩護，於午後四時任務完畢返回鎮江。

二、經驗教訓

（一）陸海連絡使用大效程之短波無線電話機且均使用明語，
　　　故極易洩密。

（二）登陸部隊直接由和尚洲對岸乘船，其行動在匪目視之下，無祕密企圖可言，如改由鎮江或其他口岸乘船，然後順流而下，雜處於來往江面帆船之間，而後一舉於登陸點登陸，可收奇襲之效。

● 劉征
作戰時級職：海軍武陵軍艦少校艦長
撰寫時級職：國防大學校上校學員

作戰地區：南京、江陰、吳淞

作戰起迄日期：38 年 4 月 23 日至 24 日

南京突圍戰役

一、概述

　　民國三十八年四月廿日，本黨與匪黨所謂「和談」宣告決裂後，廿一日江陰要塞變節，廿二日鎮江失守，匪軍乃從江北各處，積極渡江，並隨即於長江下游兩岸增設巨砲達兩千餘門有奇，希圖封鎖我海軍艦隊。當時社會秩序日益混亂，人心散漫，國軍士氣因受匪陰謀，亦日見衰弱，舉凡意志不堅者，最亦被匪愚弄，竟致動搖而投降靠攏，如我之上級指揮官林遵蓄意投降，即其一例。但亦有忠貞不二，不屈不撓，冒險犯難，抱必死之決心，願與匪軍決一死戰者，本次戰役，即屬於後者。爰海軍總部命名為「南京突圍戰役」，而美國海軍上將柯克氏則稱之為「鞭炮艦隊之作戰」，蓋藉以形容當時狀況之慘烈，更認為是海軍戰史上僅有之範例，而有如此讚譽之辭耳。

二、作戰前之狀況

　　當時，我係充任海軍武陵軍艦少校艦長，原奉命駐防青島，俟於四月初間奉調長江流域擔任江防作戰，以粉碎匪軍渡江企圖，而確保沿江南岸橋頭堡，茲謹將狀況略述於次。

一般狀況：

（一）沿長江北岸如三江營、口岸、天伏洲、礁山等重要據點，匪軍已配置巨砲頗多，且其航道僅距北岸約 500 碼，此外盡為淺灘所限，不能航行。

（二）江陰封鎖線，原設各種浮標，已於江陰要塞叛變後，亦已被匪完全滅絕，是為實施封鎖最有效之辦法。

（三）江陰、口岸、三江營、天伏洲、礁山、十二圩、泗源溝、大河口等重要據點之南北沿岸一帶，匪軍配備巨砲共兩千多門，尤以江陰要塞砲實對我艦隊威脅更大。

（四）我艦隊兵力於四月廿二晚在巴斗山、燕子磯會合者，計有惠安、永嘉、永定、武陵、永修、永績、吉安、安東、永綏、興安、犀江、美亨、美盛、聯華等十四艘，統由林遵指揮。

三、我軍作戰指導

（一）前總司令桂上將曾於四月廿一、廿二兩日召見各艦艦長面授機宜，指示突圍方策。

（二）林遵於四月廿三日召集各艦艦長開會，因其貪生怕死，臨危無策，竟敢違背上級意旨，辜負國家重托，乃出無恥，宣佈投降。

四、作戰經過

四月廿二日南京告急，乃奉命率艦於是日半夜駛往巴斗山集結，當夜召集副長王振濤、輪機長房慶山面示單獨突圍方策，良久渠等唯唯而退。廿三晨七時許林遵派小艇來接各艦艦長同往旗艦，因林逆貪生怕死，臨危無策，早已蓄意投降，似此國家危難，千鈞一髮之際，竟負國家重托，已遺臭萬年矣！當時，惟我

與其他五位艦長於離別林逆後，即祕密協商，密取連絡，誓以必死之決心，衝出重圍，以求報國於萬一。迨於是日下午六時奮勇起錨，集五艦編成單縱陣（永嘉、永修、永定、武陵、興安），毅然決然開始實行突圍戰役。甫達大河口，開始與匪軍砲戰，經泗源溝、十二圩均有激戰，尤以三江營、天伏洲、口岸、天生橋、江陰等處因受匪軍兩岸猛烈砲火夾擊，匪我砲戰最為激烈，實猶鞭炮一樣，直衝過江陰封鎖線，再經段山達通州，迄於廿四日晨抵吳淞，進上海，才算已完成神聖之突圍任務。

五、戰鬥後狀況

　　本次戰役我艦艦首中彈受傷最重，官員輕傷兩員，士兵輕傷兩員。興安軍艦在江陰附近已被匪砲擊沉，官兵傷亡最慘。其他各艦遍體鱗傷，不忍目睹，官兵傷亡頗多。當即奉准在上海優先緊急修理及處理各項善後，迄於廿九日在上海復興島觀謁總裁，報告本次戰役作戰經過後，備受獎勵。

六、檢討

（一）春季江水頗淺，江中航道只有一條，此外盡屬淺灘，而限制艦隊運動。

（二）尤以口岸、三江營、天伏洲一帶之航道距北岸僅只 500 碼，匪軍防守最利，因其各種火力，甚至機關槍亦皆有效，是故使我艦隊變為被動，隨時為匪所算，處處挨打。

（三）本次戰役，實賴我艦全體官兵上下一致，同心協力，冒險犯難，勇敢果決，而能克敵致勝。

（四）本次戰役無特殊經驗和心得，但認「忠貞不二」之思想，足能粉碎匪之陰謀，且以「必死之決心」，亦是能衝破

鐵幕。

附表一　部隊編制裝備與實有兵力比較表

部隊番號：海軍武陵軍艦

編制數		實有數	
官	21	官	21
士兵	120	士兵	120
火砲	5	火砲	5

附表三　參戰及傷亡人馬數目統計表

部隊番號：海軍武陵軍艦

參戰數		受傷	
官	21	官	2
士兵	120	士兵	2
小計	141	小計	4

● 關鏞

作戰時級職：海軍宜昌巡防處上校處長兼江防指揮部
　　　　　　　副指揮官
撰寫時級職：陸軍供應司令部運輸署海軍上校副署長

作戰地區：長江中游

作戰起迄日期：38 年 7 月至 8 月

戡亂回憶錄

　　卅七年九月匪軍劉伯誠部竄擾安慶、太湖一帶，余以南京巡防處長兼京滬段江防指揮部副指揮官奉命率處移駐安慶，任務為截擊匪軍渡江及船舶之護航，駐軍為張淦兵團，本處（海軍）兵力為永綏、永安、江犀、英豪四艦及砲艇二艘，巡弋於防區各地。

　　三八年一月匪軍團隊在安慶上游之華陽，集結木船，企圖渡江，本處獲得情報後，即率全部艦艇馳往堵擊，其役也因距離較近，匪軍及船隻密集水上，猝不及防，損耗頗重。

　　三八年三月劉匪一部又上竄沙、宜，本處又奉命移駐沙市兼漢宜段江防指揮部副指揮官，兵力為軍艦七艘、砲艇九艘，駐軍為宋希濂兵團，其時由監利至沙市的長江沿岸常有匪軍活動，其主力二部則分駐於資福寺、普濟觀等地，七、八兩月分別向江邊推進，企圖偷渡長江擾我後方，是以先後有資福寺之役與普濟觀之役，每役我艦艇俱集中出擊，匪計不逞。

　　三八年九月以徐蚌會戰失利，沙宜局勢惡化，而宋希濂所部竟以叛名義聞，且有脅持海軍官兵一致行動之事，本處乃作緊急措施與戒備，（一）令岸上官兵與眷屬即刻上船，（二）如何行

動電請海總指示，旋奉命「即刻全部上駛，如燃料充足即逕駛重慶，否則隨時停泊某地候命」。離沙市時砲艇先行，各艦隨行掩護，余與宋希濂中將暨宋之二女乘英德軍艦殿後，當時景淒慘，余與宋相對無言。

南津關位於沙市上游約卅里處，江道曲狹，流速湍急，迨各艦艇行抵中流，突遭北岸襲擊，高呼「請海軍回沙」等口號，這批伏兵是匪軍抑是叛軍無法判明，各艦以速力大、火力較強，皆安全駛越險境，各砲艇則遍體鱗傷，即駛抵平善壩（南岸），因不克修復，各艇官兵遂棄艇拆械，改僱民船上駛，到巴東換乘商船轉渝，官兵無逃亡者，各艦以日後燃料不繼，俱直駛重慶，計有民權、永安、永平、常德、郝穴、英山、英德等七艦。

余抵渝甫旬，奉命調馬祖巡防處長兼馬祖地區指揮官，於卅八年台灣光復節日率官兵卅員飛抵台北，並赴馬祖到差，兵力頗薄弱，海軍為三艦三艇，陸軍為第六軍的一個加強團，分駐馬祖、長岐兩島，另游擊隊王倜勳部約三千人，分駐於東犬、西犬、東引、大西洋、浮鷹、高登等島，在馬祖任職一年期間，與對岸匪軍一衣帶水之隔，雖然情勢緊張混亂，日夕數驚，尚相安無事。

（二）淞滬保衛戰

● **董沐曾**

作戰時級職：海軍第一軍區司令部少將司令
撰寫時級職：海軍總司令部作戰計劃委員會少將委員

作戰地區：淞滬
作戰起迄日期：38 年 4 月

淞滬戰役

（一）概述

民國卅八年春，匪焰南延，淞滬告警，沐曾時任第一軍區司令之職，淞滬為本軍最大基地，不特陸上單位林立，艦艇亦均集中於此，故海軍大部分物資，因戰事需要，均存置於該地。是年四月下旬，淞滬情況轉緊，沐曾奉命成立疏運組，負責辦理搶運工作。

（二）作戰前之狀況

民國卅八年四月下旬，匪陳毅部渡江南犯，並以十個兵團的兵力，向我淞滬地區迫進，情勢異常緊急。我第一艦隊及第一巡防艇隊所轄艦艇廿餘艘，均參加淞滬保衛戰，經月餘苦戰，海軍艦艇前後在瀏河、楊行、月浦，以及川沙、浦東等地區阻擊敵人，並收穫良好之戰鬥效果，惟因匪勢猖熾，至五月廿六日國軍即全部轉進。

（三）作戰經過

第一軍區自卅八年四月下旬始奉命成立疏運組，因局勢日益緊張，且以時間急促，加之淞滬物資數量龐大，眷屬眾多，急待

轉運，並有不能行駛之艦艇輪駁四十艘在港內待拖，而當時本軍拖船，異常缺乏。沐曾為達成轉進任務，除使用原有拖船外，復用盡種種方法，乃得徵用招商局民 310、民 314、民 316、民 317 拖船四艘，在萬難情況下，於不及一月之時間內達成轉進任務。

（四）戰鬥後狀況

此次轉進撤運之任務，為時僅廿餘日，共撤出上海各單位之物資計肆萬零肆拾玖噸，眷屬四千二百七十八口，並拖出艦艇輪駁四十艘，該撤出之物資艦艇，除快 102 艇及 8 號駁船於拖台途中遇風沉沒外，其餘均轉進台灣，現有部分拖輪駁船尚在本軍服務，擔任反共抗俄之偉大使命。

（五）檢討

此次戰役，雖然純係一種撤退轉運之工作，惟在當時之情況下，實有很大困難，如時間之緊迫、拖船之不敷，而待拖船隻之多、物資之鉅、眷屬之眾等等，而竟能於最短時間內完成這艱鉅之工作者，實完全由於指揮者之毅力與決心，及執行命令者能以身作則，不眠不休，始能獲得官兵真誠團結，上下一心，才能收到絕對的效果。因此我們在這次戰役中獲得一個結論，就是說只要有決心與毅力，不畏難不怕勞，服從命令，團結奮鬥，雖是萬難的任務，亦能獲得有效的成就。

● **黃光朔**
作戰時級職：海軍警衛第一營中校營長
撰寫時級職：海軍陸戰隊學校上校教育長

作戰地區：上海

作戰起迄日期：38 年 4 月

戡亂上海戰役

一、概述

1. 在陸戰隊未成之前，海軍陸上部隊僅有六個警衛營，分駐南京、上海、青島、台灣、廣州、海南島各地。警衛第一營配屬上海第一軍區，駐防上海吳淞、連雲港、定海、四礁、馬蹟，擔任第一軍區所轄之基地巡防處陸上防務及警衛任務。

2. 營轄四個連，步兵連與國軍一般編制相同，惟使用之武器多係適應防務或警衛任務，大部為接收日軍之三八式步槍及各種手槍，一部分配有輕重機槍。

3. 上海戡亂戰爭中並未正式列入任何戰鬥序列，當時陸戰隊正在成立一、二師之時，各警衛營已正在編入陸戰隊一、二師，上海戰事發生，因警衛第一營原配屬於第一軍區，故即擔任掩護上海地區海軍人員、物資之撤運，及黃浦江海軍各停泊區安全之任務。

二、作戰之狀況

1. 國內的情勢非常不利，其遠因當然為自九一八事變起至抗戰勝利止，約十四年之久，國力大傷，長期戰爭後一旦獲得勝利，軍民精神本易鬆懈，兼之俄帝謀我之野心深遠，外而

破壞我國威信，內而嗾使朱毛奸匪徒爭顛覆陰謀，勝利後阻撓我政府接收工作，故使我國際國內形勢均陷於極不利之狀況，阻喪了民心士氣。

2. 軍事政治形勢失利，其近因為政治協商軍事協調，使朱毛奸匪佔盡了便宜，獲得充分徒爭叛亂的時間，由三十七年東北軍事失利，華北軍力空虛，徐蚌會戰失利，無恥政客又多方逼迫政府和談，人心浮動精神喪失，達於極點，又給共匪造成渡江準備時間，南京淪陷，江陰棄守，造成滬戰前之險惡形勢。

三、我軍作戰指揮

因本營未正式列入戰鬥序列，其作戰計劃部署均不詳。

四、作戰經過

本營僅基於海軍航送及泊地安全之需要，僅擔任黃浦江數處之防務，匪等僅在浦東通過，企圖截斷我吳淞口出海之交通，故迄未與匪軍有接觸之機會。

五、戰鬥後狀況

1. 人員武器均無任何損失
2. 匪軍已近吳淞鎮，始奉命由市區撤至吳淞口。
3. 搶運之拖輪二艘護送江南所尚未完成約七、八千噸之新船一艘及浦東廠之交通艇一艘至吳淞口交海總部接收，並搶運出流落滬地青年四十餘人，後均參加陸戰隊服役。

六、檢討

1. 匪軍軍事作戰方面

甲、戰法：常利用民兵控制前進之交通溝，逐漸接近我防守陣地，以及陣地喊話，對我軍之心理均影響甚大。

乙、戰術：仍使用人海戰術，企圖突破，不成功則作迂迴包圍（如在滬西各處企圖突破不逞，後即逐漸向浦東一帶實行迂迴，以期截斷出海之吳淞口）。

丙、人事方面：強迫人民及國軍被俘人員參戰，以達其人海戰術中之人員迅速補充。

2. 匪等政治作戰方面

不但社會各階層被其滲透，軍事機構亦均被其滲透。上海作戰前，我軍事機構許多人員均接到匪黨恐嚇函件，有令其保管某美物資以待其接收，有令其反叛政府者，種種俾癖手段，此均為已滲透於我軍中之匪諜人員所為。

3. 我軍優缺點

甲、上海作戰之我軍士氣甚高。

乙、湯指揮官無旺盛之企圖心。

丙、全期作戰中不能主動予敵以反擊，任匪徒迭掙攻擊之地、攻擊之籌。

丁、未能提早組織滬地可用之人力。

七、經驗

1. 戰爭絕非一種單純的東西，務能萬事配合一切一致，適切應變所謂之「總體戰」，才能真正求得勝利

2. 防外賊易，防家賊難，防外賊與家賊勾結在一起，那就更難，所以內部絕對要乾淨。

3. 由此一戰爭中，使我們更認識「主動」「攻擊」才能求得勝
　利，被動的防禦必會失敗。

八、改進意見或建議

　　國軍自抗戰、剿匪、戡亂以來，對各戰役之檢討，或因顧忌
太多，使下層徒未見到有一澈底詳細檢討的東西，以作國軍中下
層軍官參考資料。今後反攻戰爭中對戰役能作澈底檢討，更不能
專靠主官一面之呈報或官方報導，就認為可靠之資料，戰爭雖非
翻版的東西，但是許多軍官指揮作戰中之失敗的地方，仍多為老
教訓，所以澈底檢討，才可吸取經驗，對中下級軍官是有很大的
益處。

● 景立承

作戰時級職：海軍聯勝軍艦中校艦長
撰寫時級職：〔未填寫〕

作戰地區：上海
作戰起迄日期：38 年 5 月

淞滬戰役

一、經過概要

聯勝艦於江陰要塞叛變後，即由鎮江出發，突破江陰封鎖線回至上海修理，本艦於修竣後即奉命擔任掩護江南造船所之撤退及破壞，與本艦同負此任務者尚有聯榮艦及江防砲艇隊，爆破作業則由海軍警衛營派遣。爆破作業完成時，共匪已迫近虹口，高橋方面亦已為匪佔據，本艦率領聯榮艦及砲艇自江南造船所向吳淞撤退，於經過高橋江面匪軍以機槍向我掃射，經我還擊予以壓制，一面以高速通過，抵吳淞向海軍總司令部報到。此次聯榮艦及砲艇均傷軍士一名，本艦艦體中匪機槍彈數十發，人員無損傷。

二、經驗教訓

本艦因事未知高橋已為匪佔領，故未能先發砲射擊，造成聯榮艦及砲艇軍士各一名受傷。

● 邱仲明

作戰時級職：海軍營口軍艦中校艦長
撰寫時級職：海軍驅逐艦隊司令部上校副司令

作戰地區：吳淞上下游

作戰起迄日期：38 年 5 月 1 日至 23 日

戡亂淞滬戰役

一、概述

　　余率營口艦於卅八年四月廿三日由鎮江突圍抵上海後，復奉令撥歸海防第一艦隊司令馬紀壯少將指揮，參加淞滬戰役，自五月一日起迄五月廿三日上海撤退為止，擔任吳淞上下游防務，協同陸軍作戰。

二、作戰前之狀況

　　自卅八年四月下旬，江陰要塞叛國頭匪後，京畿淪陷，鎮江、蘇州相繼失守，朱毛匪軍集結數十萬之眾，迫近淞滬，圍攻上海。

三、我軍作戰指導

　　我海軍艦艇作戰任務為在吳淞上下游截擊沿江進犯之匪軍，配合陸軍作戰，確保淞滬（未頒發作戰計劃）。

四、作戰經過

　　五月一日余奉令率營口艦、固安艦（艦長安國祥中校）兩艦駛泊瀏河口江面掩護吳淞左翼，監視匪軍行動，對進犯匪軍予以

轟擊。至五月十三日，由永泰（艦長黃震白中校）、永嘉（艦長陳慶堃少校）兩艦接防，營口、固安駛返上海整補。

五月十六晨，白龍港情況緊急，營口艦奉令駛往增援，終以匪眾我寡，守軍節節失利，十七日轉進川沙一帶憑險固守，營口艦亦駛泊川沙江面，距岸數百碼錨泊，日夜監視匪軍動態，並與陸上友軍（番號不詳）保持無線電話聯絡，每當匪兵發動攻擊時，我艦即發砲猛烈射擊，斃匪極眾，相持三日，匪軍未能得逞，川沙仍在我軍固守中。

五月十九日我岸上守軍轉移陣地至海濱浴場，營口艦亦奉令隨護，移泊海濱浴場江面，連日對沿江岸進犯之匪軍不斷轟擊，發射主副砲（十二公分、三吋、四十糎、廿五糎）達五千餘發，估計斃匪達千人，戰果豐碩，岸上友軍曾在無線電話中頻呼我艦射擊精確，殺匪極眾，匪軍數次人海進攻均為我艦猛烈排砲阻止，迄五月廿三日海濱浴場一帶仍在我軍控制中。匪以連日遭受我艦砲擊，傷亡慘重，乃設置重砲，自廿三午開始發砲向我艦轟擊，我艦落彈片甚多，幸無傷亡。廿三日午後四時本艦奉令撤離吳淞，並在匪重砲轟擊下強拖上海海關棄置吳淞口外之巡緝艦 AM 三號一艘駛定海（該艦經改裝後，為現永康軍艦），以免為匪利用，並增強我軍戰力。

五、戰鬥後狀況

五月廿三午後四時，營口艦奉令撤離吳淞，綜計作戰廿三日，掩護友軍固守陣地，發砲數千發，斃匪逾千，戰果輝煌。五月廿五日駛抵定海後，復於廿九日隨司令馬紀壯少將出擊鎮海、穿山各地匪軍陣地、船隻，以打破朱毛奸匪進犯舟山之陰謀。

六、檢討

　　淞滬戰役中，我海軍艦艇官兵士氣激昂，殺敵心切，戰志堅強，表現卓越，惟三軍聯合作戰協調不夠，敵情不明，通信欠靈活，均有待改進，以增強國軍戰力，達成反攻大陸，消滅朱毛，復國建國之使命。

● 陸亞傑
作戰時級職：海軍永靖軍艦少校艦長
撰寫時級職：國防大學校上校副主任教官

作戰地區：上海
作戰起迄日期：38 年 5 月 1 日至 25 日

淞滬保衛戰
一、概述

　　江陰叛變，匪軍全面渡江，未幾南京棄守，進迫淞滬，海軍永靖軍艦臨時編入海軍第一艦隊司令部，參加淞滬保衛戰。

當時指揮系統如下表：

淞滬警備司令
湯恩伯
｜
海軍第一艦隊司令
海軍少將馬紀壯
｜

海軍第一砲艇隊	海軍營口軍艦艦長	海軍永靖軍艦艦長	海軍永嘉軍艦艦長	海軍永興軍艦艦長	海軍太倉軍艦艦長	海軍太和軍艦艦長（旗艦）
海軍中校鄔仲明	海軍少校陸亞傑	海軍少校陳慶堃	海軍中校陸維源	海軍上校孫甦	海軍上校齊鴻章	

永靖軍艦為接收日本賠償艦第四批中之佈雷艦，編號接二十八艦，於民國三十七年十月一日編配成軍，派由海軍少校陸亞傑任首任艦長，迄民三十九年交由海軍少校王述謖繼任。

永靖軍艦編制員額官兵共九八員，實有官兵九八員，裝備有英七五糎砲一門及美式四〇糎速射砲二門，除無線電通訊裝備外，並無雷達、聲納等電子設備。

二、作戰前狀況

匪軍全面渡江南下，民心消沉，匪諜猖獗，且在南京棄守之前，總統宣告下野，三軍將士失卻領導，士氣不振。當時匪陸上部隊兵力不詳，匪海空軍尚無力參戰。戰地狀況，海軍仍能控制長江自白卯沙以下及黃浦江，海軍官兵均以悲憤心情，願竭盡棉力，殺匪報國，以支援陸上守軍，保衛淞滬。

三、作戰指導

第一艦隊司令將各船編成若干區隊，巡弋白茆沙江面，以阻止匪軍渡江，並分別依命令支援陸上作戰，且以儘量在航道許可情形下，接近江岸，實施密接支援為原則。

四、作戰經過

四月上旬起，日夜巡弋長江沿岸，以防阻匪軍南下，並以砲火密切支援陸上部隊作戰，迄匪軍自虹橋方面突入上海市區，上海棄守，永靖軍艦即奉命隨艦隊退出長江，轉駐舟山。

全期戰果不詳，惟依據陸上部隊之不斷申請砲火支援，足證對匪軍部隊有嚴重傷害，長江北岸亦無匪軍偷渡。

全艦無損傷，亦無鹵獲。

五、檢討

　　海軍艦隊參加淞滬保衛戰，其主要任務為防阻匪軍自長江北岸渡江，及對陸上守軍之砲火支援，以使陸上部隊能確保淞滬地區。就上述任務，在匪海空軍無力參戰狀況下，自應且亦已全部達成，故當檢討此次戰役時，謹就所見略加陳述，備供參考。

（一）要塞地區守備，應以陸上守禦為主，海軍艦隊應以攻擊敵之海上武力為主，此為牢不可破之真理，是故陸上部隊，應在海空支援下，完成陸上作戰之主要使命，但不應依賴於海空軍之支援。

（二）聯合作戰之基本條件，首先即在於互相彼此間之瞭解與合作，對於其他軍種之特性、能力、限制等均應有澈底認識，然後可論及協同合作。

（三）通信聯絡為聯合作戰中主要關鍵，如無良好通信聯絡，何能談及聯合，而密碼密語之編定使用則為防止洩密之主要方法，是故加強三軍之通信聯絡與密語簡語表本之編定訓練，均為此後實施聯合作戰之重要措施。

（四）匪人海戰術之有效制止，自以火力制壓人海，證諸淞滬戰役，陸上守軍頻向海軍申請砲火密接支援，以摧毀匪軍人海，則陸軍部隊之應加強火力裝備，實為當務之急。

● 　齊鴻章

作戰時級職：海軍太和軍艦上校艦長
撰寫時級職：海軍士官學校少將校長

作戰地區：江蘇省吳淞口

作戰起迄日期：38 年 5 月 5 日至 26 日

海軍太和軍艦吳淞作戰略圖

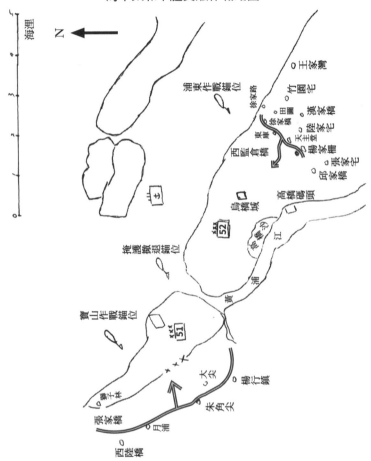

淞滬保衛戰

一、概述

太和艦係驅逐護航艦型，裝有三吋砲四門、四十糎砲四門及廿糎砲十門，隸屬第一艦隊馬紀壯司令指揮，於淞滬保衛戰期間擔任旗艦工作。

二、作戰前之情況

卅八年匪自獲渡長江後，以淞滬為一國際都市，亦為我國經濟及商業中心，故以重兵不惜犧牲，以圖爭取此一地區。自戰時延展至淞滬一帶後，我國軍遂於此一地區展開保衛戰，打擊來犯共匪，雖共匪以慘無人道之人海戰術數次來犯，均經我守軍予以重創，並掩護陸上單位撤退重要物資。斯時國軍第五一軍防守黃浦江北岸寶山城，第五二軍防守南岸高橋城，維護航運安全，使撤退船隻能順利通過。海軍方面第一艦隊屬艦亦擔任巡弋，以確保海上交通之安全，並支援陸上守軍防守此一地區。

三、我軍作戰指導

陸軍五一軍主力駐守於寶山城，五二軍駐於浦東鎮，海軍方面由第一艦隊擔任沿岸支援，太和艦由職指揮，依艦隊部情報指示行動，直接於吳淞口南北沿寶山城及浦東一帶實施砲火支援。

四、作戰經過

卅八年五月十五日，接獲五一軍情報，匪以龐大兵力分由張家樓進迫獅子林，另部由月浦向我寶山外圍防線進犯，請派艦支援。職艦即於 1205 時離吳淞碼頭，出吳淞口上駛至寶山江面，果見匪由張家樓向我獅子林陣地，及由月浦向我寶山城外發砲轟

擊，放砲聲不絕於耳，隨即測定艦位後，以主砲先向月浦轟擊，繼向張家樓射擊，旋見匪陣中彈起火，攻擊頓時沉即，並獲友軍岸上觀察台通知已擊中要害，匪軍損失甚重，不支向後潰退。我艦以任務達成，解除備戰，錨泊江心，待命行動。

五月十六日 0635 奉艦隊部令砲擊牛角尖匪軍陣地，我艦即於 0641 時擇定目標瞄準射擊，並於 1200 時奉通知匪已重佔月浦，向我友軍第二道防線攻擊，戰況甚為緊張，旋即聯絡向月浦方向射擊，不久即告沉寂。匪復於 2140 時利用黑夜向我友軍進行攻擊，經我三吋砲火阻擊，月浦方向匪陣地盡行摧毀。

五月十七日凌晨 0630 時，匪乘風雨重集兵力向月浦進犯我守軍，我艦即以三吋主砲向月浦轟擊，至 1148 分接獲友軍電告，殘匪已不支後退，戰情暫告沉寂。

五月十八日晨 0316 時匪集結猛烈兵力企圖以人海戰術撲擊月浦我守軍，是時岸上砲火猛烈為前所未見，我艦即以全部三吋砲火連續向月浦方面匪軍轟擊，由岸上友軍修整彈著，俾使命中有效，先後歷時二小時，卒將匪月浦陣地澈底消滅，匪不支潰退。

五月十九日晨 0920 時砲擊由楊行鎮進犯匪軍，經我壓制後，將楊行鎮匪主力消滅，使我吳淞陣地得以保全。晨 1150 時奉令至浦東海水浴場增援我友軍在高橋方面之守軍，到達海水浴場附近後，即發現匪由楊家柵向高橋東南外圍攻擊，槍聲密集，我艦隨即發揮三吋砲火，至 1206 時即將匪陣地壓制。

五月廿日晚 2040 時匪以小砲由天主堂向我守地（高橋）發射，旋即測定天主堂匪軍方位距離，發射三發，獲陸上友軍觀測報告均已命中，隨即連續發射，將天主堂匪陣地全部擊毀，復獲陸上友軍稱頌不已，使我高橋穩固無憂。

五月廿一日1300至1430時高橋守軍實施反攻，請本艦予以支援隨即備戰對準徐家橋、田圖、陸家宅三匪軍陣地使用引信十秒、十一秒等不同引信時間，利用空爆彈於匪軍上空爆炸，予匪人員重大殺傷，於1430時以時間所限，恐傷國軍，乃停止射擊。

五月廿二日清晨0123匪冒雨夜由楊家柵、天主堂向我守軍偷襲，並於0440再冒風雨之際進犯，經我艦砲擊潰，0745匪軍竄徐家橋，已在我四十糎砲射程之內，即發揮全艦四十糎砲掃射，匪死傷甚眾，隨即後退。1500時匪另一部竄佔西鹽倉橋，先後經我主砲及四十糎轟擊掃射，來犯匪軍生還無幾。是日先後共計四役，據陸上友軍觀測，每次均予冒風匪軍予以重創。

五月廿三日0700時匪一部由西鹽倉橋及東庫進佔海水浴場，本艦以四十糎砲掃射，將匪擊潰，以本艦已逐漸與戰區接近，通令各主砲戒備，隨時發射。

1600時匪由王家灣附近發砲向我艦附近之永興軍艦（現改名維源艦）射擊，略受微傷，本艦隨即以待命之主砲立予遠擊，匪砲即沉寂。1720奉令返吳淞補給。

五月廿四日接駐寶山友軍五一軍情報，西陸橋駐有匪砲兵陣地及主力所在，0900時即駛抵寶山江面與陸上取得聯絡後發砲射擊，均中目標，任務達成後解除備戰，駛吳淞口外下錨。

五月廿五日2050時接獲五二軍情報，國軍駐浦東鎮兵力已決作主動撤退，本艦即以主砲射擊高橋匪軍，以阻止匪軍前進，使我友軍從容撤退，至2150分停止射擊。

五月廿五日午夜至廿六日晨0205時繼續阻擊高橋匪軍，藉以掩護浦東國軍撤退，斯時各路上國軍均撤退竣，我仍繼續掩護各撤退運輸船隻駛出吳淞口，浦東匪軍因受我砲火壓制，始終無

法蠢動，使我船隻均能安全通過吳淞口進入長江口，我艦以任務完成，最後於廿六日晨 0230 時離此，駛往長江口下錨，等候另一新任務。

五、戰鬥後狀況

　　自五月十五日任沿岸支援任務及掩護撤退工作，至五月廿六日晨止，共計十餘日，先後均與友軍獲得密切聯絡，利用岸上觀測彈著，均能發揮有效砲火射擊，先後計擊毀匪西陸橋砲兵陣地一座及主力一部分，並於浦東方面擊毀王家灣匪砲陣地，並利用高爆彈分定不同引信時間，對來犯匪軍發揮高度殺傷效能。

　　最後於撤退期間能確實壓制高橋方面匪無法進犯，使我國軍於浦東從容登輪撤離。

六、檢討

1. 匪於取得附近地區後，分沿黃埔江兩旁地區繼續攻擊，以迫使我軍由海道撤離。
2. 匪能利用黑夜及風雨之際實施攻擊，並使用人海戰術，不惜犧牲以達成佔取之目的，並於夜間及風雨之時，使我艦隻效能因受天時影響而減低。
3. 我海陸方面協調工作甚佳，並利用岸上人員觀測彈著，以增加射擊之效能。
4. 我軍作主動撤退時，海軍能以砲火控制交通要點，使匪無法通過追擊，使我友軍能從容順利登輪，減少損失。

● 張仁耀

作戰時級職：海軍永寧軍艦中校艦長

撰寫時級職：海軍後勤艦隊司令部上校司令

作戰地區：淞滬

作戰起迄日期：38 年 5 月 12 日至 25 日

淞滬之役（三十八年五月十二日至五月二十五日）

（一）概述

匪自渡江南京失陷後，漸脅上海，我軍為保衛上海，對吳淞滬江段特予堅守，艦隊集中吳淞，以支援陸軍作戰。

（二）作戰前之狀況

自首都陷匪後，上海成立淞滬警備總司令部，以湯恩伯為總司令，與海空協調聯合作戰，保衛上海、吳淞。匪陳毅以二十九軍為骨幹主攻上海、吳淞，匪以一貫作法，滲透上海，擾亂秩序，破壞金融，學運、兵運齊下，先在心理上使上海人民籠罩在恐怖紊亂空氣之下，人心惶惶不可終日。而以軍事攻擊大場、楊行、月浦等上海外圍據點，其軍事企圖指在攻克吳淞，扼守黃浦出口，使上海成為死港，以收不戰而屈之效，對上海保持完整，資財無法撤離，可謂陰毒非常。

（三）我軍作戰指導

我軍以主力佈署於上海西北及浦東一帶，而以交通警備部隊扼守南市，海軍集中吳淞鎮，以便支援寶山（長江）及高橋（黃浦江）一帶友軍作戰，艦隊確保機動自如，以減少上海的後顧

之憂。

（四）作戰經過

余任第二支隊長，率永寧、永嘉二艦支援寶山及高橋一帶友軍，五月十三日下午對高橋我朱致一部作砲火支援，方事稍息，奉艦隊司令緊急命令速駛獅子林支援我五十二軍劉玉章部，以解其危。於晚間正八時趕到指定地點與友軍聯絡後，即開始砲擊，當時我艦（永寧）游動於兩陣側方，以側方砲火猛烈射擊，經十餘分鐘，接友軍電話云戰果甚佳。蓋當時劉部正為匪所逼，已遭其中央突破，勢甚危急，適我艦駛至，予以猛烈射擊，經卅餘分鐘後，永嘉趕至加入射擊，火力更熾，匪終不支，死傷慘重，遂行總退卻，而劉部圍解，吳淞得保，匪以傷亡慘重，在吳淞方面既不能得手，遂放棄這一方面的攻擊，而繞道上海南市加入浦東戰鬥。

（五）戰鬥後狀況

匪猛攻吳淞，即在扼制上海咽喉，使上海窒息，收不戰而屈之效，此種陰毒早為我方識破，遂有適當部署。經此次戰鬥後，匪非但未能得乘，且傷亡慘重，經轉移陣地，我劉玉章部能得解危困，均為戰術上的勝利，而上海於危急之中能續保若干時日，政府能將部分重要物資外運撤退前能有此一輝煌戰果，在戰略上亦差強人意。其他如支援高橋作戰，亦收同樣戰果，於五月二十五日奉命放棄淞滬，余為殿軍，掩護全體艦隊及友軍安全撤離。

（六）檢討

本次戰役最能使人滿意者，即證明對岸作戰對「位置」甚

為重要。本役各次支援都有優越之「位置」，如獅子林支援我五十二軍，即在敵我兩陣膠著陣線一端之盡頭，即側擊位置，本艦亦未使用主砲，因距離太近，約四－五千碼左右，均用 40 糎機關砲空炸殺傷，使匪無法抬頭，故積屍累累，而五十二軍之圍得解，轉敗為勝，如此證明我海軍支援作戰，尤以對守島部隊而言有適當之「位置」，及時之射擊與適合之武器，雖一門砲亦可勝於一個砲兵團甚而一個師以上之火力，亦不為過勝其詞。其次如通信問題，包括陸海圖標尺的配合均為事先應有更詳細之協調，當時尚未有兩棲聯合作戰之觀念，可命為聯合作戰「幼稚」時代，經此役後亦感諸多技術問題得先求了解協調，始能克敵致勝，決非如彼時僅一紙命令交付一任務，某一時間某一地點，即可能盡善者也。

● 安國祥
作戰時級職：海軍固安軍艦少校艦長
撰寫時級職：海軍總司令部政治部上校副主任

作戰地區：淞滬
作戰起迄日期：38 年 5 月 12 日至 28 日

淞滬戰役（民國三十八年五月十二日至五月二十八日）

一、戰役狀況概略

是役為朱毛共匪第三野戰軍陳毅之部向我淞滬東北端入侵，我守衛淞滬區為湯恩伯將軍總部，我海軍第一艦隊司令馬紀壯代將奉命率艦八艘駐滬支援本作戰，因當時匪並無空海軍，故本作戰之海軍參與，僅為對陸上友軍作戰實施砲火支援及阻止共匪渡江攻擊我陸上部隊側翼，以及掩護陸軍由海上撤退。個人時任海軍固安軍艦（排水量一、○○○噸，三吋砲一門，二糎五機關砲十二門）少校艦長，即隸屬於馬代將之麾下參加作戰。

二、戰役經過概略

當時作戰計畫之訂立，均屬於艦隊以上階層，各艦僅依無線電及視覺通信隨時接受命令執行，對敵情及全般戰況僅知大要，且時隔日久，本艦當時所有經過事實亦不復能記憶。本艦所擔任之任務，自五月十五日起加入戰列後即奉命在吳淞江面駐防，其間多數時間均係在瀏河附近巡弋，防止匪軍偷襲長江，以掩護我陸上友軍右翼之安全。五月二十日左右曾對企圖向瀏河我方陸上陣地攻擊之匪軍砲擊三吋砲計四十餘發，惟成果不悉。五月廿四日，匪軍已過瀏河繞過吳淞進至王家灣海水游場，本艦因不明狀

況，駛經該地時曾遭匪砲猛烈射擊，幸未被命中，經還擊後將其制壓。五月二十五日夕，我淞滬陸上部隊自滬登輪撤離，固安艦奉命於長江口上游九段沙一帶擔任掩護撤退之任務，在此期間並無特殊情況發生，次序井然。本艦於五月二十八日任務完畢後，始最後撤離，轉往舟山。

三、本作戰所獲得之經驗教訓

（一）授命下級執行任務，對其任務有關之一切狀況及敵情，應隨時均使其有充分瞭解，否則戰場狀況不明，欲求其圓滿達成使命，殊為困難，且易招致意外危險。

（二）作戰時，友軍之間連繫協調至為重要，否則各行其是，作戰當難獲致良好效果。

（三）本次戰役事後據友軍談謂，海軍艦砲支援效果頗大，是如以海岸或大江為側翼依托之陸上作戰，優勢之海上兵力協力價值甚大。

● 李連墀

作戰時級職：海軍第一巡防艇隊中校艇隊長
撰寫時級職：海軍總司令部作戰計劃委員會少將
**　　　　　　副主任委員**

作戰地區：吳淞口

作戰起迄日期：38 年 5 月 13 日至 27 日

前言

　　奉派赴英接收贈我國防艇八艘，於三十六年元月至六月先後陸續到達上海，成立為海岸巡防艇隊。嗣於三十七年二月奉命併編海軍第九砲艇隊，改編為第一巡防艇隊。至三十八年五月底，由上海轉進舟山，改編為第一機動艇隊，是艇隊始終以八艘防艇為主力，駐防九江以下之長江流域及舟山群島之海域。爰以是項艇隻性能較優，火力與通信等均強，適宜內河與近海作戰，余奉命任是艇隊長約三年有半（三十五年十二月至卅九年四月），參加勘亂作戰，不下百餘次，但均係零星戰鬥，加以資料不全，佔國軍整個戡亂作戰之比例，實微不足道。今僅就記憶所及，稍有規模之作戰，分為江防作戰（泰興戰役、太安港戰役）、上海保衛戰及舟山防衛戰等謹報於後。

上海保衛戰

一、概述－如前言

　1. 地點－吳淞口

　2. 時間－卅八年五月十三日迄五月廿七日

3. 我軍兵力－海軍第一艇隊及本隊所轄之聯珠軍艦與防艇八艘

　友軍－陸軍第一及第四軍團，下轄六個軍

　匪軍兵力－匪軍約十個軍之兵力

二、作戰前之狀況

　　三十八年國軍節節失利，至四月間，長江以北土地（包括東北、華北）業已喪失，誰意徐蚌戰敗後，江陰要塞突然變節，海軍第二艦隊原戍守長江，竟遭該艦隊司令林遵代將附逆之事變，不得已調第一艦隊各艦集聚於吳淞口，自是本艇隊遂在第一艦隊司令馬紀壯少將指揮之下，參加上海保衛戰。整個上海保衛戰在湯恩伯將軍指揮下，據參加各會報所得，原期在上海予匪人嚴重打擊，湯將軍於戰前曾堅決表示：「上海必須守，上海可以守」，並見諸徵用款物情形，以及上海軍政合作狀況等，判斷有相當準備。我海軍有完整之一個艦隊與一個艇隊，兵力充足，對陸上友軍支援作戰，料可圓滿達成任務，彼時余所瞭解者，概如上述。

三、我軍作戰指導

1. 本艇隊奉令配屬第一艦隊參加上海保衛戰，執行海軍作戰之任務。

2. 聯珠軍艦暫奉指定為本艇隊之指揮艦，對參艇負後勤支援與通信中心任務。

3. 砲一艇、差46艇、差84艇等艇隻及隊部之文書、傳達、炊事等勤務人員，均奉准先遣往定海，由閻洪祺上尉指揮，在岸上籌設隊部並安頓本隊眷屬。

4. 聯珠艦及防艇八艘均須滿裝油水、彈藥及戰備口糧等準備，隨時執行付予之任務。

5. 以防艇兩艘派駐定海，負駐防區警戒任務必要時擔任吳淞－定海間聯絡任務。以二艇駐巡崇明並沿江北岸巡弋，迄青龍港為止。聯珠軍艦及四防艇駐泊吳淞口，毗連艦隊部旗艦，便於任務接受與聯絡。

6. 通信以聯珠為中心，分對旗艦與各艇二網，遵照艦隊頒發之通信規定實施。

7. 本隊各艇特別注意夜間與視界不良天氣之巡弋及近岸支援作戰等，以補足大艦能力所不及。

8. 本艇隊係初次配合大艦作戰，有關規定協調事宜，須多加注意，沒有意見，隨時建議，期能圓滿為要。

四、作戰經過

1. 本作戰始於五月十二日迄五月二十六日午夜為止，戰起之初，匪軍企圖以迅速手段渡瀏河，由獅子林、寶山方面進攻吳淞，扼阻長江與黃浦江之咽喉，切斷水陸交通，殲滅國軍陸上之有生力量，惟匪軍遭我陸海軍聯合作戰之有效阻擊，大受挫折而不得逞。是方面始終為我軍所固守，未為匪軍所乘，係本作戰部署重點所在，對全戰場予有力之支撐。

2. 匪自正面攻取吳淞之計不售，遂集中一股力量，於五月十五日晚由松江竄據南匯，分略周浦及川沙，猛犯浦東，期與獅子林之匪，形成夾擊態勢。並以全力進攻高橋、林家碼頭、虹口碼頭、清澄鎮等黃浦江岸地區，先後被陷，高橋頻危，情勢一度至為緊張，幸經我海軍艦艇，以猛烈火力實施夾擊，挫匪攻勢，友軍亦抽調有力部隊，在海軍支援下，實施反擊，激戰至十九日，卒收復沿岸附近各地，以後連日與匪軍相持於海濱浴場至高橋之線。在該方面我防艇四艘晝夜不

歇，對友軍支援，最為得力，頗收成效。

3. 至是匪夾擊吳淞之計，復不得逞，凡濱江地區，在我海軍艦艇火力有效控制之地區，即少激戰。匪之攻擊行動，逐漸轉移至楊行、劉行一帶，我艦隊火力不及之處，與黃浦江近岸建築林立，艦隊火力受阻之處，並同時展開對滬市東南部之攻擊。至五月廿四日，匪自南市交警防線攻入市區後，戰局遂突變至不可收拾，於五月廿六日晚奉令撤退。

4. 我海軍撤退部署奉核定後，防艇六艘分為兩個分隊，一分隊於是夜十二時前駛出長江口完成護航任務後，直航定海向隊部報到，余率另一分隊，駛巡崇明及江北沿岸巡弋警戒，至夜四時離開，奉命在天明前駛過濱海浴場，余於廿八日到定海。

五、戰鬥後狀況

在此較大規模之作戰，我艇隊係基層作戰單位，對全般情況，並不清晰，本艦隊無損傷。

六、檢討

1. 本「上海保衛戰」作戰計劃以及海軍作戰計劃，本艇隊並未奉頒，殊感不便，故對作戰計劃下達之程度，國軍應予檢討，以利日後作戰。

2. 在本作戰中，艦隊與艇隊配合適切，實海軍指揮官運用得宜所致。

3. 以今日所瞭解之陸海空聯合作戰要領，檢討本保衛戰，值得檢討者甚多，為計劃、指揮、通信及後勤等缺點，不一而定。

4. 據悉指揮官缺乏決心與信心，至戰局稍呈緊張，即自動登船，

準備離去，至最後亦未下撤退命令，損失國軍有生力量甚大。
此點堪為高級指揮官之警惕。

5. 軍公商船，無統一指揮運用之機構，如高級司令部自作戰開
始即控制船隻，影響整個撤退工作，招致損失莫大焉。

6. 本艇隊除作戰任務外，並負一部水上交通任務，接送艦長及必
要人員至旗艦，如作戰準備周到，作戰計劃適切，對應變處置
事前有所準備時，自可減少此種非作戰任務。

● 蔣錫山
作戰時級職：海軍第一巡防艇隊防七艇少尉艇長
撰寫時級職：海軍新高軍艦上尉副長

作戰地區：楊行、月浦、高橋等區

作戰起迄日期：38 年 5 月 17 日至 25 日

淞滬保衛戰詳歷心得報告

所屬戰鬥序列：海軍第一巡防艇隊

作戰地區：楊行、月浦、高橋等地區

防七艇級職：少尉艇長

直屬主官級職姓名：中校艇隊長李連墀

作戰起訖時間：三十八年五月十七日至廿五日

作戰日數：九天

作戰經過概述

　　卅八年共匪渡江後，戰局急轉直下，至五月中旬匪軍已迫近上海外圍，當時本隊除防三、防五、防八因特種任務先離上海轉赴舟山外，其餘五艇均在吳淞參加戰鬥。其間本艇以吃水淺。目標小而靈活，且火力甚強，故於每天夜間至距岸三、五十公處，以主砲轟擊匪軍，致匪以極大之損害。以高橋一役，當時匪軍逼近高橋油庫，我陸上友軍之據點盡失，部分守軍已撤守黃埔江邊，我艇及防二於奉令後以最快速度疾駛上述水面，時前後左右步機槍流彈亂飛，可謂短兵相接，經本艇及防二艇以 40 mm 及 20 mm 向其密集部隊連續轟擊卅餘分鐘後，匪軍不支潰退，本艇旋即靠泊石油公司碼頭為與友軍連繫，據友軍連絡參謀告以殺

斃傷匪者四佰餘人。其後我永寧、永嘉兩艦亦奉令駛，以密集砲大轟擊頑匪，率能掩護友收復已失據點，而後黃浦航道通行無阻。

所受獎懲種類：獎金五佰元，團體嘉獎章乙座

時間：卅八年六月

發布文號：不詳

負傷等級：無

備考：本艇因當時為一極小戰鬥單位，只行作戰，不辦業務，故上述時間已無查考

● **陳仕傑**

作戰時級職：海軍第一巡防艇隊防七艇艇附
撰寫時級職：海軍中訓軍艦上尉副長

作戰地區：上海
作戰起迄日期：38 年 5 月

撰述剿匪戡亂作戰詳歷及心得報告書

余書此心得報告之際，已距當時情況七、八年矣！此七八年歲月過程中雖而不時回憶過去的景象與追憶戰場得失，但彼時雖身任作戰單位之正或副指揮，但除實際臨戰可就實況能有較小範圍之活動外，其他均是照著上級指示與命令執行，余自始即深知命令之重要性與戰場上確實服從為獲勝利保證，故除命令執行外無以引述者，茲就追憶之景象分述於後。

余於三十七年底奉調海岸巡防艇隊擔任防一艇附，於三十八年四月改調防七艇，先後四月餘，擔任長江下游自南京迄吳淞一帶巡弋警戒，防艇之裝備為英式四十米砲及二十米砲叁門，零點三三雙聯裝機槍兩座，艇長五六呎，最大艇速十二節，人員官兵十三員，當時屬海總直接指揮之海岸巡防艇隊，擔任長江下游及舟山一帶防務，指揮官李中校連墀（至改稱機動艇隊迄未更調）。當時之任務在防止奸匪破壞長江交通及確保舟山及江浙部分沿海之安全，尤以蘇北迄十六圍至長江出口啟東縣時有奸匪之出沒，彼時防艇任務在協助地方團隊鞏固基地，進剿匪寇，歷四月餘匪從未得逞。

三十八年四至九月奉改調防七艇任艇附，編制同前，任務較前繁重，彼時匪已從蘇北準備渡江，凡海岸巡防艇隊此時重要任

務在阻止匪之渡江，防區自南通迄長江口，主要地點為崇明島，崇明佔長江口中心，如為匪據，則長江口、上海將為之封閉。彼時雖無正式戰役可述及，但小股匪在蘇北為之經常接觸，是時彼之裝備不良從未應戰，一觸即還，故匪在江陰渡江，南京撤守，開始松滬保衛，防艇任務，上則阻匪之沿江活動，下則接獲撤出留滬物資與忠英之士，並隨戰況之需配合大艦坐近距離之協助友軍：（一）楊行、寶山一帶匪之活動受阻。（二）浦東、高橋匪之就殲，均有防艇參與，防七艇並在滬撤守前衝過陣地搶出「建甲」油輪一艘（現名四明，參加海軍服役）。松滬轉進，防七留為最後出圍之艇，先至四礁，後轉定海整編，是時海岸巡防艇隊改為第一機動艇隊，隊長李中校已晉升上校，余改調防五任艇長。三十八年九月至十一月余任防五艇長，此期間參加防衛舟山之戰，舟山群島與大陸象山半島比連咫尺，最近者有一渠之距，如大榭島較遠亦不足五浬，我艇日休夜出每有所獲，常於夜間襲匪陣或搶匪船，防五先後三次襲匪陣團，情報不確，收獲不詳。三十八年余奉調中海艦離艇，故未正式接戰過。

（三）封鎖渤海灣

● 王雨山
作戰時級職：海軍中鼎軍艦少校艦長
撰寫時級職：海軍六二特遣部隊指揮部作戰組上校組長

作戰地區：遼東半島

作戰起迄日期：37 年 11 月至 38 年 1 月

參加營葫國軍轉進之役報告

一、概述

　　民國卅七年冬，剿匪戡亂戰事逆轉，東北國軍節節失利，遼東半島國軍處境尤危。最高統帥為挽救危亡，並期轉移實力，令海軍轉運營、葫一帶國軍，仍由桂上將親臨指揮，駐節重慶艦，在北國冬季苦鬥月餘，卒將國軍安全轉運，圓滿達成任務。時本人任中鼎軍艦艦長，曾數次將國軍分別轉運秦皇島、青島、上海等地，人員計約七千、馬匹二百。

二、作戰前狀況

　　剿匪戡亂戰事節節失利，士氣消沉，民心浮動，各大都市學生遊行發動反飢餓運動，社會經濟情形紊亂。

三、我軍作戰指導

　　桂上將親率艦指揮，駐節重慶艦，由各型登陸及徵租商船將營、葫兩地國軍分別轉運至秦皇島、青島、上海諸地，並由各級作戰艦艇支援掩護，詳細計劃與部署情形未奉頒，不詳。

四、作戰經過

民國卅七年十月末，桂上將親率龐大艦隊由青島出發。本艦奉令逕駛葫蘆島，與艦隊會合，始知轉運國軍。先曾數次將營、葫國軍轉運至秦皇島與青島，曾擔任撤運葫蘆島最後一批之掩護部隊，在最後一次撤運中，當我艦於深夜離港時，匪軍先頭部隊已衝至碼頭，幸我警戒有力，邊戰邊離，安全退出港外，將此二千餘人、馬匹二百餘撤運上海。

又在此役中，桂上將親率旗艦重慶號至營口指揮時，桂上將乘坐小艇曾一度以機械故障向匪岸飄去，卒因救援得力，得獲安全。匪諜早已潛伏重慶艦中，桂上將雖未為所乘，但我該時對匪認識不夠，警覺不足，使重慶艦爾後為匪所劫持，當有餘痛。

五、戰鬥後狀況

政局混亂，共匪展開另一攻勢，倡言和談，全國民心士氣受其瓦解，導致以後迫使總統蔣公下野，以逞其蓆捲大陸之慘局。

六、檢討

共匪陰狠毒辣，無所不用其極，與共匪搏鬥，無論個人與團體均應慎密防諜，提高警覺。

● 張仁耀

作戰時級職：海軍永寧軍艦代中校艦長
撰寫時級職：海軍後勤艦隊司令部上校司令

作戰地區：塘沽

作戰起迄日期：37 年 12 月 29 日至 38 年 1 月 16 日

塘沽之役

（一）概述

　　任永寧軍艦代中校艦長，屬海防第一艦隊，司令為馬紀壯代將，本艦並為其旗艦，負支援陸軍作戰及指揮本軍作戰。

（二）作戰前之狀況

　　匪林彪部竄入關內，緊迫平津，我方指揮官傅作義態度曖昧，匪雖未接迎，人心已惶惶，平津交通常遭破壞中斷，商業停頓，人民遷移，已在心理上頓挫，我青年軍段澐部及我海防第一艦隊扼守塘大三角地帶，曾奉命游說傅作義由塘大海道撤離，未蒙接受。艦隊密切支援段部，一方與匪作戰，一方將塘沽有用物資南撤，經二十餘日之苦戰，始奉命撤護段部撤離。

（三）我軍作戰指揮

　　我陸軍部隊以主力扼守北塘，以一部與匪之小股相持沽河左岸紅屋一帶，置預備隊於新港，以保持沽河三角地帶之安全。

　　我艦隊旗艦（永寧）於新港碼頭指揮作戰，並與友軍保持密切聯繫，及以砲火支援，以永興艦巡弋新港及北塘以東之海面，並支援友軍，掩護陸軍右側，以成安艦巡弋新港及沽河，支援友

軍作戰，另以小型砲艇深入沽河上游，以拊敵後，以確保我軍之側背，使三角地帶安全，另以一部登陸艇向後轉運物資，以保戰力。

（四）作戰經過

本戰役無劇戰，海軍應須要而予支援，惟我小型艇深入敵後，忠勇用命，砲擊斃匪方重要人物，收穫戰果甚豐，因此我左翼更為堅固。本艦除指揮作戰，而對新港之物資仍不斷籌劃後運，惟以北國天寒地凍，相持數週後，雖最後奉命掩護撤退，亦屬難能。僅陸軍九十五師朱致一部犧牲其一營為後衛，未能撤離，實屬悲壯。

（五）戰鬥後狀況

匪以林彪為主力沿北寧路主攻，守阻於塘大，另以聶榮臻部拊北平之背，傅作義以保存北平文化及愛惜生靈為詞，不戰而屈，平津相繼淪陷，我塘大守軍亦奉命撤離，於十六日完成。

匪林彪部不以正面攻擊塘（沽）大（沽），一以我友軍抱必死之心，另以我海軍砲火熾盛，常於匪之側翼予以痛擊，是所匪不攻堅不打沒有把握仗一貫戰法，加之我海陸軍密切合作，適時支援，使匪無所乘。我軍堅守塘大，如傅部態度明朗，準備死戰，則塘大陸海兵力足以扼守據點，掩護其右翼，如不戰而轉移兵力，海口為我掌握，亦可保存一部兵力。殊傅部不為不戰而屈，平津雖無損傷，但對戡亂前途士氣之頓挫，中央之威信損失，實無以估計。匪能長驅入關收不戰而屈之戰果，對其以後之進展實有莫大之鼓勵。平津陷匪為我戡亂失敗最大之轉捩點。

（六）檢討

　　本戰役海陸密切聯繫，合作良好，互相先求了解，開我陸海聯合作戰有史以來之張本。在此戰役中，吾人深信密切聯繫攻敵之側背奇襲，及靈活之通信，與夫堅忍之毅力，均為本役之經驗，給吾人深刻印象，對余以後之戡亂作戰更增信心。

● 張苗禾
作戰時級職：海軍美珍軍艦少校艦長
撰寫時級職：海軍第三軍區司令部中校組長

作戰地區：渤海

作戰起迄日期：38 年 3 月至 10 月

剿匪戡亂作戰詳歷及心得報告

一、戡亂作戰經歷談

　　余自民國廿八年秋海校畢業，廿九年春奉派軍政部同德艦任槍砲副及航海副，其間宜昌撤退，三斗坪轉進，日機頻頻轟炸，可歌可泣之事，以當時非身為艦艇長，遵照規定，略而不談。

　　抗戰勝利海軍處成立後，余奉派青島海軍訓練團，接收美贈 LCI 聯榮號任艦長，由北南下，驅弋江防，往返於南京、蕪湖、大通、安慶的地，斯時沿江一帶，僅有「土共」蠢動，毫無顯著戰事掀起。

　　卅六年底，升調美珍艦艦長，編隸第二艦隊，擔任江防，時長江北岸常為朱毛「土共」所流竄，殺人越貨，日有所聞。蕪湖上游牛埠鎮，一度為匪所乘，被我艦擊潰。迨華北戰局逆轉，余於戎馬倥傯中，率艦滿載軍火，自滬北上，於月黑風高，偷渡旅順口外老鐵山水道，而之天津，卸載甫畢，軍情吃緊，迫而退至塘沽，復以我海軍陸戰隊官兵五百餘，被圍天津，救援火急，又不得不單刀直入，星夜搶運該部隊，若稍猶豫，延至次日晨，則沽河被截，無路可歸，悉數被俘矣！天津陷，塘沽危，海軍於塘沽保衛戰中，僅太康、成安、永寧、美宏、美珍五艦，與大沽巡防處所屬砲艇而已。美珍艦奉命撤運部隊，於冰天雪地驚濤駭

浪中，往返於大沽、長山島間凡七次，待至最後，始於砲火交織中，揮淚泣別，塘沽再見矣！

　　華北大局勢如破竹，徐蚌會戰又失利，迫使海軍艦隊長江突圍，導致京滬告急，美珍艦南歸後，即在江南造艦所修理，滬市棄守之日，方衝出黃浦江待命吳淞口，於夜間載第一軍區人員，轉進舟山。鎮海之役美珍艦陪同玉泉艦，追隨長治艦，支援友軍於大龍山及招寶山兩處登陸，長治艦暗遭招寶山要塞砲擊，一毀煙囪，一破小艇，美珍亦為巨彈所包圍，幸未命中。溫台巡防處成立，美珍艦受其節制，為配合作戰，鞏固基地，分向江、浙、閩海面挺進，曾與咸寧、永靖兩艦，進搗三門灣匪巢，並先後匹馬單槍，襲擊甌江口外各匪據點，玉環坎門之役，斬獲良多。匪軍恨我海軍兵力之進據，時欲拔此眼中釘，故乘我艦赴舟山基地補給時，竟以一團兵力，夜襲我溫台巡防處駐在地洞頭島，迫使我方棄守，退駐大陳。

　　卅八年冬，余又升調中權艦，除駐防、登陸、運輸、補給外，尚兼事修理，原隸屬登陸艦隊，後改隸後勤艦隊，舟山撤退，將原載友軍部隊，轉撥商船海地號接運，復往嵊泗列島，接運江蘇省政府及本軍嵊泗巡防處人員，待我方公告撤退時，本艦尚未遠離嵊泗，深恐落後，為匪所乘，乃轉向東駛，再折赴大陳，終平安完成任務。海南島保衛戰中海上屢傳捷報，本艦則於左營滿載補給，前往增援，不意駛抵海南海峽，電訊失所聯絡，知其有異，一面電告總部，一面赴榆林港海軍第二軍區司令部待命，甫達榆林，大局已逆轉，時桂總司令正親在佈署，指示機宜，面令本艦再加載物資人員，回轉左營，歸來歸去，能不惆悵！

二、檢討與教訓

朱毛匪軍出身綠林草莽，以游擊起家，在大陸未淪陷前，本無海軍可言，斯時我海軍縱橫海上，所向無敵，大有戰無不勝，攻無不克，確令匪徒，見之膽寒，望洋興嘆也，惟以大局每況愈下，海軍作戰處處均受牽制，兼以沿海港灣基地，次第告失，海岸線日短，活動範圍日蹙，數年以還，主客之勢迥異，往事追懷，令人痛耳！

茲就個人在艦長任期內，深感我方情報戰失敗，坐失先機，塘大之役，美珍艦原自滬滿載軍火北上，卸載甫畢，天津不守，則此行實無異為匪運送軍火，充其後勤艦隊。海南戰役中權艦亦滿載物資，趕赴海口，為海南海峽大捷而增援，如當時不以聯絡不上而生疑，仍遵命逕往海口，而不轉駛榆林，則無異自投羅網，身為階下囚矣！反觀洞頭島之戰，匪軍知我艦一離基地，即星夜集結兵力偷襲一舉而得手，其情報運用之靈活，戰術之迅速機動集中攻勢，均能作到，痛定思痛，能不自愧而可恥也。

前事不忘，後事之師，尤以朱毛匪幫擁有海上相當實力之今日，漢賊不兩立，則在未來海戰中，尤應知己知彼，有所對策，方能擊敗敵人，消滅敵人，故必加強情報工作，積極搜索匪海軍主力，提高對空警覺與攻潛措施，同時應將我艦隊作戰略上集中，並佔領中央位置，作主動攻敵，速戰速決，以撲滅其主力，一待反攻號角一響，一幕三軍聯合作戰之登陸戰，即考驗吾人目前，登陸能否成功，有待海軍可否決勝海上。此一有關反攻復國之成敗，及國家民族之存亡，身為海軍者，當如何窮躬盡瘁，肩荷此重責大任也。

● **林鴻炳**
作戰時級職：海軍太昭軍艦中校艦長
撰寫時級職：海軍掃佈雷艦隊司令部上校司令

作戰地區：長山八島渤海灣
作戰起迄日期：38 年 7 月 5 日至 38 年 8 月 21 日

長山八島及塘沽戰役

（一）概述

　　三十八年七月共匪陳毅第二縱隊及林彪一部共約三萬餘人，集中山東半島蓬萊劉家旺一帶，積極準備向長山八島進攻。當時以該島孤懸渤海，補給困難，本已奉准撤退，後方於撤離之時又奉令回駐，以便對渤海灣實施關閉。兵力除陸戰隊第二團及中權、美宏二艦和砲艇 102、103、海澄、海明外，八月六日由第二艦隊司令黎玉璽將軍率領之太湖、太昭兩艦亦開抵渤海灣。該兩艦自八月七日後，每晚突襲蓬萊劉家旺一帶匪攻擊準備，匪受創甚重，八月十日在大沽口擊沉匪運輸船（約三千餘噸）一艘，俘匪貨船七艘，拖返長山島。十三日晨匪乘我太昭、太湖巡弋營口、葫蘆島之際，突攻我大小黑山及南北長山島，我守軍苦戰犧牲殆盡，至當日十六時我太昭、太湖趕回時，島上陣地均已被佔，挽回無術，乃轉進砣磯島，後以控制北部諸島之價值已失效用，遂奉命於八月十九日撤離砣磯島，南駛定海整頓。

（二）作戰前之狀況

　　長山八島在我陸戰隊固守中，匪陳毅之第二縱隊及林彪之一部共約三萬餘人，均集中蓬萊劉家旺一帶作積極進犯長山島之準

備，我因該島海上補給線太長，已奉准撤離，島上工事均已破壞，我方兵力為一營一連，不及匪十分之一。

（三）我軍作戰指導

　　我長山島駐軍先已奉准撤離，後又奉命回駐，作為封閉渤海灣之基地，作戰指導模稜兩可。

（四）作戰經過

　　八月二日第二艦隊司令黎玉璽少將率領太湖、太昭抵達長山島後，自當晚起每晚突擊蓬萊劉家旺一帶匪軍攻擊準備諸措施。九日晚黎司令乘太湖離長山島巡駛大沽，太昭則奉命沿岸經龍口、老黃河口一帶向大沽會合。十日上午太湖在大沽口俘獲匪約三千噸之運輸船一艘，貨船七艘，惟運輸船於太湖艦午餐時乘機向大沽逃去，經該艦砲擊，擱淺於離岸兩千碼處，午後一時太昭抵達大沽，兩艦接近擊燬該匪輪，與匪岸砲曾發生猛烈砲戰，我無傷亡，當天下午以任務達成，將俘獲之匪貨船七艘拖返長山島。

　　八月十二日黎明前，兩艦再三砲轟劉家旺一帶匪攻擊準備措施後，巡弋遼東半島一帶，入晚後太昭沿遼東半島西岸巡弋蓋平、遼河口，太湖駛秦皇島至葫蘆島一帶。十三日 0500 太昭甫巡抵遼河口，忽接太湖旗艦來電，因匪情緊急返航長山島，1400 抵達該島時，大部守軍早已撤離，島上陣地已被佔領，乃收容由水中零星突衝官兵轉進砣磯島。十三日晚乘匪立足未穩，兩艦砲擊南長山島及泊地匪運輸船與我由大沽拖來之匪貨船，計擊毀匪貨船二十餘艘及帆船百餘艘。

（五）戰後狀況

長山島戰役，守軍陸戰隊與砲艇傷亡未詳，太昭、太湖無傷亡。長山島失守後，控制本部諸島之價值已失，遂於八月十九日撤離砣磯島，南駛定海，整個渤海灣經此為匪所控制矣。

（六）檢討

1. 陸海無線電報雖暢通，惟緩不應急。

2. 太昭、太湖通信良好，惟與守島砲艇未通。

3. 守軍於太湖、太昭抵達渤海灣巡弋後，士氣雖較前為昂，惟警覺性太差，致僅短短數小時將全島放棄。

● 雍成學

作戰時級職：海軍中權軍艦中校艦長
撰寫時級職：海軍漢陽軍艦上校艦長

作戰地區：長山八島海面

作戰起迄日期：38 年 8 月 12 日

戡亂長山八島戰役

一、概述

　　長山八島亦名東萊群島，俗稱廟島群島，位居渤海門戶，南起登洲北迄旅大，其間有大小島嶼數十個，綿延八十餘浬，形勢天成，為渤海各港口之咽喉，據此可制天津、營口、葫蘆島、秦皇島於死命，無論對於匪港之關閉或將來反攻華北、東北，此均為良好之基地。

　　自從整個華北易手之後，此巍然獨存之長山八島愈形重要了。

　　此八島於抗戰勝利之初，曾一度為匪軍佔領，作為山東共匪進入東北的孔道，清算流血鬥爭達三年之久，故一般人民多厭惡共匪，與國軍合作無間。島上居民多外出經商，餘則以捕漁為業。自從華北淪陷，島上與大陸之交通斷絕，因而糧食缺乏，民生艱難。

二、作戰前之狀況

　　共匪自從五月渡江（民國卅八年），大舉南犯之後，整個長江以北包括華北、東北地區均陷落於匪手。當時京滬淪陷，匪焰萬丈，政府被迫遷都廣州，江南騷動，而美國政府，更趁火打劫，發表所謂「白皮書」，闡明對華政策，舉國上下，人心惶

惶。共匪利用這一有利時機，在長山八島對向登洲府蓬萊縣大量
集中砲兵及保安部隊，並授以帆船駕駛及兩棲訓練，基於長山
八島可直搗共匪心臟，致敵死命，故匪積極準備進攻，勢在必
然矣。

斯時我軍有海軍陸戰隊一個團，分駐於長山南島（二個
營）、砣磯島（一個營），並有七五野砲四門，亦駐紮南島，海
上部隊駐有中字號（中權）一艘、美字號（美宏）一艘，因時局
緊張，臨時又增派太字號（太湖、太昭）二艘，擔任機動部隊。

三、我軍作戰指導

（一）以現有兵力，確保八島，並牽制敵人兵力，侍機而動。

（二）以海上機動兵力，巡弋渤海，封閉敵人港口，破壞海上
　　　交通，威脅津沽。

前述之二作戰指導原則係筆者依據當時當局之措施以客觀之
立場而擬訂者，蓋當時層峰並無任何書面之作戰指導頒佈也。

四、作戰經過

自從七月十一日匪軍自蓬萊砲擊南島之後，我軍艦艇為避免
敵人砲火，均奉命集結於廟島與小黑山之間的錨地。

八月十二日夜半，天空是靜悄悄地，雖然有點薄霧，然一輪
明月還隱約可見，並沒有什麼異樣。因為天氣很熱，大家在甲板
上閒談，至午夜始行安寢，晨二時許，在大黑山島方面，突聞
槍聲，由遠而近，由疏而密，這才知道共匪已在大黑山島登陸
了。於是本艦即放作戰警報，發動主機，準備接戰，警報器是在
「嗚！嗚！」的悲鳴著，將大家都從夢中驚起，還不到十分鐘的
工夫，全艦員兵均就好了作戰部位，此時錨才起了一半，敵人的

砲彈就「轟」的一聲打了來，馬上在左舷三十公尺處豎起了一個大水柱，接連又是幾砲打來，當時我們就按照敵人發砲的方向，連續還擊，我們的砲口徑雖小（僅四公分），但是發射速度很快，艦首與艦尾的雙管四公分砲齊發，彈如連珠，頃刻將敵人火砲壓住，趁機將錨起出，急速前行，駛過廟島沿大黑山環繞航行，對甫行登陸之匪軍船隻，予以猛烈射擊，一時破砲激烈，震耳欲聾，「轟！轟！轟！」與「噠！噠！噠！」的聲音，衝破了午夜的沉寂，天空中佈滿我們的曳光彈痕，五光十色，織成了一幅美麗的圖畫。

此時戰鬥正酣，全艦員兵振奮異常，大家都忘了懼怕，同時更忘生死。敵人的砲自不必說，我艦之四週無處不落，因戰鬥距離過近，即敵人的重機槍亦可打到船上來。如此雙方激戰約一小時，大、小黑山島上的槍砲聲，逐漸地稀疏下來，這證明已登陸之匪，損失一定很大，被我們密集的砲火打得抬不起頭來。此刻是晨四時的光景。

此時天尚未明，長山南島之無線電暢通，得知南島匪亦同時登陸，我陸戰隊亦正在灘頭陣地與匪搏戰中，為了增援南島，截擊敵人的後援，遂用一百八十度的大轉頭，由黑山島向蓬萊水道急駛，行至鵲咀附近，東方已經發白，視界漸漸清楚，由望遠鏡中可以看出長山南島南端帆檣雲集，足有幾百隻之多，可是帆都下了整整齊齊的，靠排在岸邊，這證明敵人登陸已經完成，此時我們紅了眼，向鵲咀疾駛，對匪軍的機帆隊猛烈射擊，企圖挽回危局，時敵人兩岸砲火（蓬萊與長山南島）齊發，彈下如雨，艦身整個被敵彈籠罩，水花與破片均濺到甲板上來。此時我們一面還擊，一面用高速之字航行，纔脫離了敵人的火網。

我們剛剛脫離了危險區，行經黑山島南端運糧島時，岸上的

機槍如雨點般的打來。時本人在艦橋，槍彈均自耳邊飛過，亦聞「颼！颼！颼！」的聲音，並沒有其他的感覺，見有帆船五、六隻排列岸邊，匪軍臥倒地上，都可以清楚的看見。這時我艦上右舷大小槍砲齊發向匪軍打去，一時全部萬道砲聲隆隆，可憐此蕞爾小島中彈數百發，把這個島打得像爆炒豆兒似的，所有島上的房屋、船隻、匪軍皆一掃而光。經十分鐘的射擊後，再看此一小島，已經是靜悄悄的趴在那裡，雞犬不聞了！這一仗可謂打得痛快，打得澈底。

七時正，得美宏艦及海澄艇在小竹山方面求救之信號，當即鼓輪前往，原來此次敵人在長山八島登陸是有全盤計劃的，除大、小黑山島及南島同時登陸外，尚有砲艇兩艘，拖帆船五隻，由劉家旺直駛砣磯島，企圖登陸，適與美宏遭遇於小竹山附近，因美宏機器故障，故而求援。當我艦抵達小竹山時，美宏始脫險而去，說來真是冤家路窄，這兩艘共匪砲艇，其中一艘就是以前不久投匪的二〇一號，仇人相見，格外眼紅，當我艦抵達小竹山時，適與敵遭遇，於是迎頭痛擊，因戰鬥距離僅二千碼左右，正為我砲火最有效射程，故彈無虛發，當將匪砲艇二隻擊傷，帆船五隻擊沉。

五、戰鬥後之狀況

槍林彈雨，鏖戰終日，此次戰果可謂豐碩，因我艦奉命另有任務，致未能將二匪艇生擒，殊為可惜，但敵人在這裡的員兵幾全部傷亡，且使敵人登陸砣磯島的企圖完全粉碎，換言之，敵人對上八島的砣磯島、大、小欽島、南、北隍城島之登陸企圖亦因此而告失敗。

午後四時奉命集中於砣磯島，海上兵力二艦三艇均安全無

恙，前往大沽附近執行巡弋之兩太字號艦亦於午後一時許趕回長山島，惟戰事已過，未能發揮戰力，殊為可惜。

六、檢討

（一）長山八島之戰，依當時集結於該地之海上兵力四艦三艇如能提高警覺，加強部署，則匪之登陸，未必能成功。因匪當時由劉家旺出發之兩棲部隊，除機帆船及砲艇外，未有任何軍艦參加。

（二）層峰雖知道時局緊張，加派太字號二艘增援，但未能令二艦駐留南島，達成確保長山八島之主要使命，致使戰事發生，該二主力作戰艦艇尚遠滯津沽，及至趕回，則戰爭已經結束，致使英雄無用武之地，殊為遺憾！

（三）我島上防禦力量亦嫌不足，南島為長山八島政治軍事中心，守軍僅二營（陸戰隊）、砲四門而已，至於大、小黑山島，則無正式部隊，僅有由百姓組成之自衛隊數十名而已。如此，難怪戰事結束之速矣。

（四）在敵人發動攻擊之前幾天，有長山島商人，自劉家旺匪區逃出，報稱「匪備戰甚急，並言數日內即進攻長山島……」，而我方對於斯項重要情報，竟未予重視，加以處理，殊為可惜，如當時能重視該項情報，採取措施，加強戒備，則匪軍進攻之失敗，可預卜也。

● **何相宸**
作戰時級職：海軍陸戰隊第一師第二團上校團長
撰寫時級職：海軍總司令部上校部屬員

作戰地區：長山八島本島

作戰起迄日期：38 年 8 月 12 日至 13 日

海軍陸戰隊第一師第二團長山八島作戰心得報告

一、概述

　　俄帝欲以達成其侵略慾望為中心，並以第二次世界大戰之成果，益見躊躇志滿，野心愈大，企圖征服世界，乃稱兵我東北，一方面阻礙我國軍之接收工作，另一方面協助中共匪幫出兵作亂，致使東北之軍事進展節節失利。

　　迨民國三十七年十月，我海軍總司令桂永清將軍有鑑於中俄之戰，絕無法避免，決提供國防部成立海軍陸戰隊，首先成立兩個陸戰團，第一團由楊厚綵少將負責，在馬尾成立，第二團則由本人負責籌辦，當時即由海軍總部警衛第三營調任一部分中下級幹部，並於十一月間率領全團幹部赴天津接收兵員。迨抵達天津時，正置東北之情況急變，平津一帶已成一片混亂氣氛，而兵役機構一再拖延交兵日期，如是決定自動充補員額為利，在此決定後僅有數日時間，本團之員額已全部充實，乃於十二月初旬抵達長山八島開始訓練。

　　本團雖成立伊始，但部隊之裝備頗為劣勢，所使用之武器除有極少數之機槍外，全團僅有八一迫砲四門，及兩門配屬於團日造七五山砲，其餘皆為日式三八步槍，其通材、工作器具及運輸工具已缺乏至最低限。

二、作戰前之狀況

　　長山八島位於渤海與黃海之間一群島嶼，距山東之蓬萊縣僅八千餘公尺，為封鎖華北各港口之重要基地，其主要島嶼為本島，本島之地勢係由北向南，南北長十餘公里，東西寬約五公里，四週依汪洋之環繞，形成天然之屏障，由北至東而南，則屬坵陵地帶，西北部則為一廣大平原，島民以漁業為大宗產品，氣候冬夏寒暑懸殊，夏季酷暑，冬季則寒風凜冽，白雪紛飛，溫度降至零度以下。

　　迨三十八年，大陸之軍事轉進後，長山八島孤懸於渤海，並成為封鎖華北之主要基地，因此共軍企圖以不惜任何犧牲攻佔該島，完成對華北地區之控制。

　　我以確保該基地之完整，首先則以主力配備於沿海一帶之高地，並構築強固之工事，阻止匪軍之進犯，以一部控制於南城山附近，對敵實施打擊，澈底殲滅企圖登陸之匪軍。於三十八年三月本團奉調派步兵第二營至台灣，第三營第七連派駐青島（該連於青島轉進時調至台灣），第一營之第一連配屬機砲第一連之第一排駐防砣磯島，故防守本島之實有兵力為兩營（欠）。因之重行部署，則以主力防守南城山，沿海地區保持充分之警戒，以求殲滅登陸之匪軍於南城以南地區。

　　蓬萊沿海一帶之匪軍，迭經我艦砲之射擊，以及本團經常所派遣偵察人員之破壞，始終無法越過此一狹窄之海面，以達成進犯之企圖。乃於三十八年八月上旬，以劉伯誠匪軍一個正規之野戰師，並抽集山東各地之民兵編成一個旅，共計兵力約為兩萬餘眾，並以 105 砲四十餘門支援，以絕對優勢之兵力，於八月十二日開始向我進犯。

　　匪軍集結完畢後，即以其 105 砲四十餘門於蓬萊地區佔領

陣地，支援匪全力於我長山本島之地區登陸，匪主力未登陸之
先，則以約一旅之兵力登陸黑山島，並以砲兵火力支援匪之主力
登陸。

三、我軍之作戰指導

1. 為削弱敵人在本島地區之作戰能力，以確保基地之完整，以
   現有部隊拘束匪軍登陸。
2. 各地區部隊須牽制並驅逐在各地區內登陸之匪軍
3. 主力控制於南城山附近，以求一舉殲滅匪軍。

四、作戰經過

　　匪軍自八月三日起，即以砲火向我本島之東山、雀嘴、狄溝
等陣地行猛烈之連續射擊，每日射擊約百餘發之多。八月十二日
凌晨一時，有匪軍約一旅之兵力向我黑山島攻擊，並佔領該島，
同時以登陸黑山島之砲兵火力支援其主力（約一個師）向本島
攻擊，我團守軍，不避犧牲，堅強阻擊，予匪軍嚴重之傷亡，匪
軍繼續使用人海戰術，鏖戰數小時，戰鬥仍在縱深陣地間繼續進
行。此時第三營營長江家燦及第二連連長刁鴻鈞負重傷而殉國，
同時匪軍以一部由王溝方面分別登陸，我雀嘴及狄溝一帶之陣
地，遭受兩翼夾擊，漸感不支，故令該陣地之守軍撤退至南城山
之線。匪曾數度使用人海戰術，以中央突破之戰法，集中全力向
我南城山之陣地猛攻，均經我擊退，殲滅匪軍兩千餘人，造成創
敵最高紀錄，後因匪軍有增無減，而我軍則有減而無增援。匪我
眾寡懸殊，繼之匪使用左翼包圍，致使南城山之守軍前後受敵，
故不得已南撤退至連城之線最後防禦地區，與匪繼續戰鬥。在此
一戰鬥中，第一營營長馬年楨負傷，第九連連長孫承祖、機砲第

三連連長周成璿及第三連長金耀清、機砲第一連連長宋超等，皆相繼殉國。本團自退守連城線之後，其彈藥已形缺乏，又無增援部隊可資利用，但我全團官兵均以視死如歸，以身報國之精神與匪作生死之決鬥，此時所有能繼續戰鬥之部隊，除由各陣地撤守之殘餘部分外，則僅有另行編組之勤務連部隊擔任戰鬥任務，尤以團本部政訓幹事沈定國手持步槍與匪格鬥，殲匪軍十餘名，後因被困，自殺成仁。激戰至十三日一時，匪軍不惜犧牲，增援猛犯，我團則陷於苦戰中，忽奉海軍總司令桂永清將軍之電令：「即行撤離該島」，為避免被窺破我團之企圖起見，除以一部與保持接觸外，並以一部兵力向匪出擊，誘匪主力於連城東南地區，以達掩護撤退之目的，並破壞各種堪用之設備，以免被敵利用。

撤退之初期目的地為北島，本島與北島相距有三公里之海面，且無船隻可供撤退之用，但我軍不但要在匪軍火力之下而行撤退，且須以游泳渡過此一海面，擔負掩護任務之部隊，直至戰至剩一兵一卒時，仍在與搏鬥中，其撤退之人員不管負傷與否及能否游泳，均願被匪淹死，而不願被匪所俘，此種忠勇殉國之精神，實使青史增輝。

五、檢討

　　（一）匪軍

　　　　（1）匪軍獲有絕對優勢，能任意選擇登陸地點，而獲主動。

　　　　（2）匪軍以輕裝奇襲，銳意鑽隙，甚有可取之處。

　　（二）我軍

　　　　（1）本團懸居渤海，遠離主戰場，後勤與兵力均不能及時支援或增援該地區之戰鬥。

（2）防守之兵力過於綿薄，未能直接扼止匪軍之登陸，又未克善於打擊匪軍，如有增援之兵一營，則可於南城山附近予匪一次大殲滅戰。

（3）缺乏海空軍之支援，不能切斷匪海面之交通，而使匪軍之增援部隊陸續到達。

（4）本團取得之正確情報，呈報師部、總部，未獲適當處理。

（5）對海軍地勤人員未能充分利用。

（6）海軍與地面防守部隊協調不夠。

（7）我因士氣旺威，戰志堅強，能充分發揚為革命犧牲之精神。

長山本島作戰經過略圖

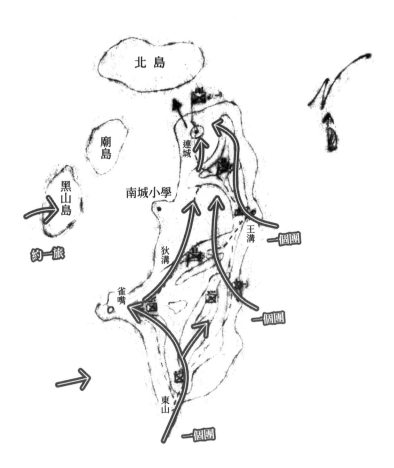

● 鄒新命

作戰時級職：海軍陸戰隊第一師第二團上尉作戰軍官
撰寫時級職：海軍第二軍區司令部中校副組長

作戰地區：山東長山八島

作戰起迄日期：38 年 8 月 12 日

山東長山八島戰役戡亂作戰詳歷及心得報告

一、概述

（一）陸上兵力

海軍陸戰隊第一師第二團（欠第二營及第三營之第七連），
團長步兵上校何相宸，本團於民三十七年十月十六日成立
於南京，以海軍警衛第二營部分官兵為基幹，同年十一月
於天津招募新兵（東北下來散兵）約一千餘名，當天津告
急前二日，轉進至長山南島整訓，其組織系統及編制主要
裝備如附表（一）。

（二）海上裝備兵力

艦隊司令海軍少將黎玉璽

DE（太字型艦／護航驅逐艦）二艘

LST（中字型艦／登陸艇）一艘

LSM（美字型艦／登陸艇）一艘

砲艦七、八艘（不詳）

（三）地面行政機構

海軍長山島巡防處　處長海軍上校王正經

海軍長山島補給站　站長海軍上校范辛望

山東東萊群島設治局　局長劉傑之

二、作戰前之狀況

（一）一般狀況

　　青島、上海已相繼撤退，本島距國軍主力與補給基地－舟山群島約七〇〇哩，島上居民痛恨共匪，守軍士氣激昂，自七月以來發現不明潛艇活動於本島海面，俄帝大連基地空機經常低飛雲掠過本島上空。

（二）特別狀況

　　據逃出漁民報告，蓬萊、龍口各地到有大量匪軍部隊與砲兵，並目覩一批又一批匪機帆船向蓬萊集中。我陸上守備部隊當即調整部署，加強工事，海軍有力艦隊（太字號二艘）亦於八月上旬到達，曾對蓬萊匪港予以轟擊。

（三）匪情判斷

　　如附圖（一）。

（四）我軍部署

　　如附圖（二）。

（五）我軍作戰指導

　　以海軍艦艇及岸砲火力邀擊匪船，關於海上，當匪軍登陸之後，第一線固守灘頭陣地，另以海軍艦艇切斷敵之後援，並以預備隊編成打擊部隊，乘敵登陸未穩之際，殲滅匪軍於灘頭。團以第三營（欠第七連）附第一營之第三連及 75 山砲二門、37 平射砲二門，為第一線守備隊，以第一營（欠一、三連）為預備隊控制於連城（當時並無作戰計劃，僅聞團長有此指示）

三、作戰經過（附圖（三））

（一）砲戰

八月上旬我軍曾以 75 山砲二門及艦砲對蓬萊港實施砲擊，戰果不詳，匪軍亦以砲還擊，我無損傷。

（二）長山南島守備戰

八月十二日二時發現匪以機帆船分向孫家堡第九連陣地及半屏山第八連陣地進犯，我守軍砲兵即予射擊，至五時左右匪軍登陸孫家堡、半屏山，第八連陣地亦隨之陷落。當八、九連危急之際，團長曾命令團部連與第三連各一部分向孫家堡第九連與半屏山第八連增援，激戰至八時，匪軍已進展至寺候、鵲咀，第一線部隊連絡中斷，情況不明。團長即命第一營馬營長率領第二連固守南城北端至王溝高地之線，上午九時團長與王處長登砲艇赴海上指揮，陸上指揮權交李副團長負責。此時我海軍艦隊（太字號艦二艘）仍未回防，經有少數砲艇與登陸艇，火力有限，對匪之後續船團不能有效切斷，匪軍不斷增加，向我第二線陣地纏牽。至下午二時，第一營官兵傷亡慘重，團部所在地連城亦遭匪砲轟擊，李副團長乃手令第一營撤退，此時僅有帆船二艘，第一營營長及副營長均已負傷及部分傷患搶乘帆船向北島撤退外，大部官兵仍留原陣地繼續抵抗，直至下午三時長山南島全部陷落，我忠勇官兵亦全部成仁。

四、戰鬥後狀況

長山南島陷落後，突圍官兵及眷屬約一○○餘人於北島海面會合轉進沱磯島集中整理，艦艇則仍監視海上，加強警戒巡邏。

八月十七日奉命撤離沱磯島，島上義民數百人同時隨軍撤離。

五、檢討

（一）優點

（1）戰志旺盛，士氣高昂，守備官兵抱有與陣地共存亡決心。

（2）假想匪軍登陸區判斷尚正確，我方兵力部置大致適當。

（二）缺點

（1）戰略上之錯誤：上海、青島等重要地點尚且先後撤離，獨留此一群小島孤懸於700海浬之外，其無法支援，不能永久防守，顯而易見，終以未能主動撤離，招致失敗。

（2）未予蓬萊集中之匪軍重大打擊以摧燬其攻擊力，明知匪方在蓬萊集中機帆船與部隊，此時如能集中海空軍力量，對匪集中地區予以猛烈轟炸，當能摧燬其攻擊力，最低限度亦可遲滯其攻擊時間。

（3）海軍艦艇既不能有效邀擊於海上，又不能切斷其後援，陸上守備兵力又薄弱。當匪軍進犯之時，如海軍艦隊（DE二艘）在防區，當能將進犯匪船擊沉，惜當時我海軍艦隊正出巡大沽一帶，又因通信不靈不能及時趕回，斷絕匪軍後援，致守軍彈空糧絕，卒告不守。

（4）指揮官使用兵力之錯誤，當第一線告急時，團長曾命令團部連、第三連分別以一排向八、九連增援，因兵力過小未達成任務，如能集中所有力量對重要地區予以逆襲，或可收效，否則部署第二線陣地固守之，以免零星損耗兵力。

海軍陸戰隊第一師第二團組織系統及主要裝備表

附註

1. 步兵連每連人數約 100 左右。

2. 另地區裝備有 75 山砲二門、37 平射砲二門。

3. 表列單位與數字憑記憶所及，可能有錯誤。

蓬萊附近匪情判斷要圖

三十八年八月

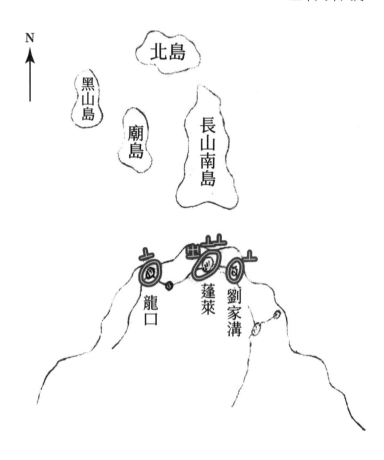

說明

1. 蓬萊集結匪軍步兵約一師，砲兵一團，機帆船約 300 餘艘。

2. 劉家溝與龍口為匪地方部隊，分別集結約 1000 餘人，機帆船
　 約五、六十艘。

海軍陸戰第一師第二團長山配備要圖

三八年八月

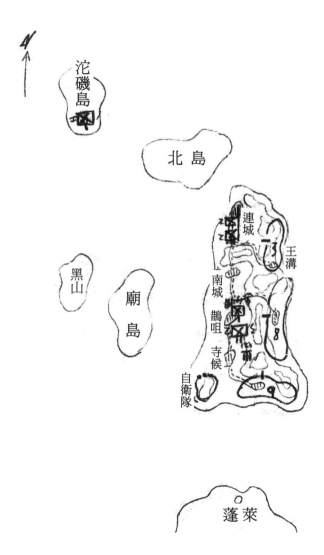

海軍陸戰第一師第二團長山南島作戰經過要圖

三十八年八月

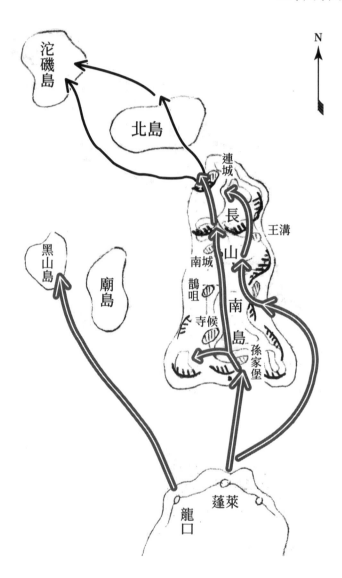

● 侯尚文

作戰時級職：海軍中權軍艦上尉副長
撰寫時級職：海軍海灘總隊灘勤大隊中校大隊長

作戰地區：長山島
作戰起迄日期：38 年 8 月 12 日至 13 日

長山八島戰役

一、作戰地區兵要概況

　　長山八島扼渤海灣之咽喉，南控芝罘，北臨旅順，不但為北方海線交通之要道，且為渤海灣內各地出口之要衝。該島自民國三十七年春初收復後，奉令劃歸海軍管轄。是年三月，前海軍總司令桂永清將軍蒞島巡查後，即設局治理，並派海軍陸戰隊第二團將近一團之兵力戍守，以長山南島為基地，分駐兵力於其餘各島，遙為犄角之勢。同時並派艇留防，及美字型登陸艦一艘輪流進駐。

二、作戰前之狀況

（一）自三十八年國共和談破裂，我領袖引退之後，朱毛奸匪即利用我內部紊亂之時機沿江南下，對長山八島，自乃勢在必得。惟以當時奸匪海軍尚未建立，故無法及時染指，但對該島周圍之地區，則不惜以強大陸上兵力，次第佔領，使該島先陷於孤立之態勢，而作未來侵擾之準備。

（二）匪為覬覦該島，既感於缺乏渡海之設備，乃不惜向其主子－俄帝乞憐，謀取支援。因之，該島上空間日即有俄機低飛偵察之事件發生，與盛傳潛艇之出現。當時我與俄帝

邦交，因未破裂，故對俄帝之為匪作倀，只得容忍未發，
而自行提高警覺，加強戒備。

（三）同此期中，奸匪並作積極之侵害部署於煙台、蓬萊兩地，
大量集結匪軍，強拉民伕，抽徵民船，不斷予以訓練，企
圖以船海戰術，大舉侵犯。

（四）八月六日長山南島對岸鵲咀之匪軍，砲轟我長山八島設治
局、巡防處，及我戍守該島海面之各艦，因係盲目射擊，
我無損失。

（五）八月九日海總部派第一艦隊司令黎，率太湖、太昭兩艦，
來島支援。

（六）八月十一日下午匪廣播狂言於二日內同時攻陷定海、福
州，及本島，我方堅強戒備準備迎頭痛擊。

三、作戰經過

（一）推測：匪先期派遣大批匪諜滲入本島。

（二）八月十二日晚約九時三十分，匪於蓬萊鵲咀方面，利用
機帆船拖帶木船，並載運匪軍向我各島偷襲，同時匪諜分
子，割斷各島之通信及電力設備。

（三）我艦作緊急作戰佈署，待命行動。

（四）匪佔小黑山島，於2300左右，砲擊我艦，我即還砲轟擊，
開始接戰。

（五）因是時太湖、太昭二艦已赴匪區港口搜索巡邏，我艦即
以無線電話，催請返航，一面加強應戰。

（六）十三日黎明，匪傾動大批木船團，繼續向我各島侵擾，當
時集結之匪船約四百艘，大部匪船，企圖包圍我艦，部分
匪軍則利用各島島麓岩石作天然之掩護，不斷向我開槍冷

擊，各島陸上部隊戰情紊亂，情況不明。

（七）我艦以匪我兵力懸殊，乃不得不避實就虛，採取重點作有
　　　效之攻擊。是時叛艇 201 號適率匪機船二艘，並拖帶帆船
　　　四艘，游弋海面，乃即集中火力，向其跟蹤追擊，迫使退
　　　竄大、小竹山，除 201 艇隨即被迫閃藏於大、小竹山間之
　　　海面上外，終將其餘六船，先後予以燬沉。

（八）1500 太湖、太昭二艦返航，本艦奉令退守砣磯島。

四、戰鬥後狀況

（一）長山南島等四島陷落，我方集結兵力於砣磯島。

（二）我陸上部隊英勇抗敵，傷亡頗重。

（三）艦隻無損失，艦艇人員略有傷亡，我艦失蹤一員。

（四）匪軍船隻人員傷亡慘重。

（五）八月十五日我軍奉令棄守各島，轉進台灣。

五、檢討

（一）自南京、上海以及北方各港先後淪陷後，該島已無堅守之
　　　必要，此次使匪蒙受重大損失，實已獲得戰略上之成功。

（二）在匪我兵力優勢懸殊之下，我方戰志激昂將士用命，實為
　　　奸匪之致命傷。

（三）我方保密防諜警覺性太差。

（四）缺乏協調，指揮系統亦未確定，致戰事發生，在第一艦隊
　　　司令未返航前，各艦多單獨行動，不夠合作。

（五）幹部對匪船海戰術，缺乏防禦與攻擊必要之認識。

● 李樹春
作戰時級職：海軍中權軍艦少校見習官
撰寫時級職：九五八六部隊中校副總隊長

作戰地區：長山八島
作戰起迄日期：38 年 8 月 12 日至 13 日

長山島戰鬥

一、中權軍艦由雍中校成學任艦長，艦員官十九、士兵一百三十人，受總司令部直接指揮。原奉命駛往長山島載運陸戰隊一營增防和定期運補任務，至該地後情勢日緊，既留該駐地。

二、長山島陸地兵力為陸戰隊第二團分駐八個島擔任防務，各島上已組成的民防隊各島有一隊，男女不分，多寡不一。長山南島陸上單位機構和政府機構：海軍巡防處、供應站、診療所、陸二團本部；地方機構：業務管制局；海上艦艇：太康、太倉、中權、美宏等艦、海澄砲艇及幾艘無武裝機帆船。

三、八月初由蓬萊方向匪軍一次試探性砲擊南長山島，但對錨泊艦船毫無影響，以後並無特徵。但至八月十二日下半夜一點多鐘，匪軍突向各島齊進奇襲，隔海相望之蓬萊方面無數帆船，機帆在砲艇掩護下急進接踵登陸南長山島，我防守砲兵被迫棄守沿海邊砲位，直退至該島北端團部線併力抵抗，因兵力薄弱，支持至上午十二時前全部成仁。以下屬海上戰鬥狀況。太康、太倉兩艦十二日出海巡航，至翌晨始返，曾參入末期對蓬萊水道匪船隊之封鎖戰鬥。中權艦等於十三日晨一時三十分發現匪情在大黑島一帶，支援岸上民防隊戰鬥，一度試行衝過蓬萊水道腰集匪船半渡，以天已拂曉，水道

狹，艦體目標大，速率低，冒險未成，沿南長山西面凸出尖
端返航，對沿線之小島對匪砲擊，蓬萊方面匪軍曾對中權砲
擊，舷外水注不斷起伏。時至七點，美宏艦在廟島外呼救，
因機器故障，情況緊急，急駛往援救，經過該艦時發現有匪
船隊向大竹山島、小竹山、駝雞島進攻模樣，該艦即棄美宏
奔向匪艦隊，同時在該區海澄艇被匪砲艇攻擊甚急，呼援，
當駛距匪艇一萬餘碼即發砲，匪艇見勢不力即折返大小竹山
之間做謎藏，在大竹山正面登陸之匪軍適值泊岸。邊轉用四
〇糎砲快速齊發，集中火力射擊，將停泊之帆船八艘悉予摧
毀，匪軍跳水和登岸被砲擊斃甚夥，俟後發現小竹山匪已有
迫擊砲攻來，致使一捉謎藏之匪艇俟機遁去。太康艦指示回
航，但另一匪艇所率之帆船隊已見勢不利迅返航，戰鬥至九
點左右，海上停止，全部集中駝雞島候命。

四、戰鬥後狀況

海軍陸上機構以夜間突變，戰後搜集退出人員極少，其他各
島未經戰鬥之駐軍於任務完成後全部撤出，尚撤出北城隍
島、駝雞島、黑驢島民防隊人員、百姓、燈塔人員數百人，
於撤離該八島不克攜走之帆船等悉予破壞而後火焚之。

五、

我方優點

1. 撤守時能妥善安排百姓，顧及撤退地方團隊及忠貞平民，
   處理足以資匪之工具。

2. 撤守抵達左營後，海軍迅即代政府解決義民住行工作問題。

我方缺點

1. 兵力單薄，分散駐防，影響集中發揮戰力。

2. 對情報搜集不夠，對敵情無有研判。

3. 駐軍佈署不夠，平時戰鬥警覺差。

4. 在戰鬥中該區無一統一指揮官，於戰時紊亂步調。

匪軍優點

1. 情報搜集用盡方法，決不打無情報無把握仗。

2. 兵力運用神速。

3. 對登陸地區任一點均瞭入指掌，譬如能容一、二艘帆船登陸地點，則亦利用，所以他的兵力係小型，並可掩飾被人發覺其主力所在。

4. 匪在攻擊之前光用砲火破壞性的砲轟，當攻擊日於發起時配合旺盛火力掩護登陸，即安砲發揮掩護作用。

匪軍缺點

1. 兵力小，分佈地點多，戰力較弱，時有部分地點不能達成攻佔目的。

● 馬年楨
作戰時級職：海軍陸戰隊第一師第二團第一營少校營長
撰寫時級職：海軍陸戰隊學校中校教官

作戰地區：長山八島

作戰起迄日期：38 年 8 月 12 日至 13 日

海軍陸戰隊第一師第二團第一營長山八島作戰心得報告

一、概述

　　俄帝挾其第五縱隊朱毛匪幫，竊據大陸，進而窺伺我大陸沿海各島嶼時，適值本營隨團成立，裝備頗為劣勢，武器除極少數機槍外，僅有八一迫擊砲二門，其餘皆日式三八步槍，通材、工作器具、運輸工具等均極缺乏，惟訓練精強，官兵精神飽滿，革命意志堅定，足以補其厥也。

二、作戰前狀況

　　長山八島位於渤海與黃海間之一群島嶼，距山東蓬萊僅八千餘公尺。其主要島嶼為南島，南島之地勢係由北向南，四周環海，由北至東而南，屬坵陵地帶，西北部則為一廣大平原。島上居民大部從事漁業，氣候冬夏寒暑懸殊，夏季酷熱，冬季則寒風凜冽，白雪紛飛，溫度在零下。

　　自三十八年大陸軍事轉進後，長山八島孤懸渤海，成為封鎖華北之主要基地，於是匪軍企圖不惜任何犧牲，攻佔該島，完成對華北之控制。

　　我以確保該基地之完整為目的，本營為團之一部，除第一連配屬機槍一排駐防砣磯島外，其餘營屬各部隊，隨團駐守南島。

三十八年八月，匪以劉伯誠部一個正規師，並抽調山東各地民兵，編成一個旅，共計兵力貳萬餘人，於是月十二日開始向我進犯。首以 105 砲四十餘門在蓬萊地區佔領陣地，支援匪主力登陸南島，並以一旅兵力登陸黑山島，策應匪主力作戰。

三、我軍作戰指導

（一）團以一部拘束匪軍登陸。

（二）團之地區部隊，殲敵於地區內。

四、作戰經過

匪軍自八月十日起，即以砲火向本島之東山、雀嘴、狄溝等陣地，行猛烈之連續射擊，每日約數百發之多。八月一二一〇〇時，匪約一旅兵力，向我黑山島攻擊並佔領該島，策應匪主力作戰。此時匪主力約一師向本島攻擊。本營官兵皆以守土有責，不避犧牲，堅強阻擊。十三日凌晨，余奉命堅守南城山，是時建制兵力僅有第三連（欠二個排）、機砲連（欠兩個機槍排）扼守要點，拒匪前進。匪曾數度使用人海戰術，集中力量向我猛攻，均經我奮勇抵抗，殲滅兩仟餘人，造成創敵最高紀錄。後因匪有增無減，而我軍則有減無增，眾寡懸殊，繼之匪使用兩翼包圍，乃奉命轉進至連城之線，與匪繼續戰鬥，惜以彈盡力虛，至陷苦戰中。於一三一二〇〇時奉副團長李中校（團長正協力海軍砲艇支援陸上戰鬥）令即撤離南島。

撤退之初期目的地為北島，本島與北島相距有三公里海面，且無船隻可供撤退之用。我軍於匪軍火力下游泳渡海。掩護部隊戰至最後一兵時，仍在與匪搏鬥中，撤退人員不論受傷與否或能否游泳，寧死不屈，此種忠勇殉國精神，直令青史增輝。

五、檢討

（一）匪軍

    1. 有絕對優勢，任意選擇登陸點，保有主動。

    2. 能輕裝奇襲，銳意鑽隙，有可取處。

（二）我軍

    1. 孤軍奮戰，缺乏支援，未能殲滅匪軍。

    2. 海軍與地面部隊協調不夠。

    3. 本營官兵士氣旺盛，能充分發揚犧牲精神。

● **敖維駒**
作戰時級職：海軍美宏軍艦中校艦長
撰寫時級職：〔未填寫〕

作戰地區：長山島
作戰起迄日期：38 年 8 月

戡亂作戰心得報告
概言

余十四歲投入海軍學校，次年即逢九一八事變，待官校畢業六日後，七七抗戰開始，即由青島西上參加江西馬當戰役、宜沙保衛戰，二十九年又復深入川黔湘鄂邊區清剿苗匪，學海軍而在地面深山中戰鬥，此時雖心裡痛苦，亦增加無限寶貴經驗，將終生憶念無時或忘。

三十四年抗日勝利，復歸海上，巡弋長江，駐守渤海，海南剿匪，大陳保衛，以及不時巡駐金馬，尤盼光榮偉大反攻復國戰役中得蒙參予，以竟軍人天職。

長山島戰役
一、概述

我海軍長山島巡防處，設置於長山南島抗日前該處舊址。三十八年春，上校處長王正經接長，轄砲艇三、拖船一並小艇二，美宏則配屬擔任巡弋駐守。陸上兵力則為陸戰隊第二團（欠一營），團長何相宸，及民眾自衛隊一中隊，隊長戚忠武。海上自衛隊約四十人，隊長劉鳳岐。

我軍力集中於長山島，其北部之砣磯島則有一營據守，其他

各島只有鄉保所屬自衛隊少許。

二、作戰前之狀況

　　長山列島有主島八，世稱廟島列島。抗戰勝利後，我軍續煙台守復後，乘勢由共匪手中收回。人民半死於匪手，半因抗戰時流落我東北數省未歸，致居民銳減，對匪共深惡痛絕！

　　該列島雄據渤海海口，南起蓬萊北迄大連，其中並可控制津沽、秦皇島、營口等地。匪由山東迄東北之運輸，多沿此線由大連等港登陸。我據有斯島，為艦艇基地，則制海權歸於國軍，匪兵員物質運輸即被阻斷矣。

三、我軍作戰指導

　　長山南島為我主力所在，對岸蓬萊縣距此十浬餘，匪軍於當年春即徵集帆船，施行渡海演習，其時機多在暗夜，致我偵巡亦無發現。

　　我軍以主力確保南島，海上以艦艇警戒巡弋，以期早行發現敵匪動態，必要時則須青島駐守之第一艦隊派艦支援。

四、作戰經過

　　三十八年八月，華北情勢日緊，此時平津早已陷匪，青島已在驟變中。其後，青市棄守，滬戰亦起，匪對此列島終思得之。於初六日午，由蓬萊老北山設置砲位，向我南島巡防處及補給站不斷射擊。其時美宏正搶灘加水，匪即轉向美宏密集射擊，迄十三時潮來駛離灘岸，前後約一小時餘，附近落彈約三、四十發。幸艦體尾部輕傷，帆纜軍士長鄒瀾庭輕傷，當其時幸賴海銘拖船協助，及彼帶傷沉著指揮拖曳本艦，得早脫出危險。

我艦主砲為四十糎，只有氣憤填胸，移錨其射程外，監視匪有無舉動。匪砲亦於目標移去後，停止射擊。

十三日深夜，匪乘暗夜由長山南島海灘登陸偷襲。我艦艇即前往阻擊，曉色初曙，已形阻斷敵之後續船隊。美宏當晚泊長山南島、廟島間海面，聞警後，即由珍珠門出，沿途並向黑山島之登陸匪軍掃射，此時約在十四日三時許。後奉令增援南島，抵達其北方附近海面，天色已明，島上聞疏落槍聲。遙見大竹山下有匪拖船一艘，拖帶帆船約六、七隻向北航行，乃接近砲擊，匪在大竹山暗設之砲位，向我俯射，匪拖船乘機逃回蓬萊。事後悉，此股匪船乃預定攻佔砣磯、城隍及大小欽島等北部諸島者。

十時，本艦巡弋廟島迄黑山海面，監視蓬萊水道西段，並援救我陸戰隊員傷戰士約六十員，海上自衛隊艇隻二艘在匪砲追擊中亦駛近本艦，告匪尚未佔廟島。惜我無登陸兵力，無從反擊。

十四時，太湖、太昭兩艦由塘沽海面急返抵此。但戰事已進尾聲，長山南島間，時聞疏落機槍聲，內心悲痛無可言喻！

夜幕低垂，全部艦艇及突圍出險人員集中砣磯島警戒待援。當晚，美國之音播出此項消息，戰友人人悲憤，木然相對，沉默無語，深悉此孤懸海隅戰略要地，遠由定海支援，其困難情形盡人皆知。

十六日，當地鄉政人員及義民約五百餘人，乘美宏及中權偕艦隊南返。島民木立岸邊，遙遙相送，戰友皆不言不動，直至該島隱沒無跡，每人如釋重負。

五、戰鬥後狀況

長山列島為匪佔據後，其山東半島沿海之海運皆取道於此，而達遼東半島各港。尤其與俄帝侵據之旅、大兩港，利用帆船經

三數日即可。況一路島嶼，皆可為泊碇休息之所，對匪軍事上保有最大利益。他日我國軍反攻，亦必須早日收復，以控制渤海及其中港口，則平津及遼寧北原即可掌握矣。此刻只因遠絕孤懸，為權宜計忍痛放手。

六、檢討

1. 匪軍事作戰

匪軍攻襲之先約六月前即徵集民船，除部隊予以訓練外，並將船夫組訓，更就預想夜間出航，平日即在夜間訓練。為求登陸在所要灘頭，其第一波帆船，則用原屬長山各島之船及船夫，或配以該島出生之匪幹，如此則地形熟悉，不致錯誤。

為求減少人員傷亡及吸引我火力，其第一波船艇中雜以只有船夫而無部隊之空船。

匪先期以砲火控制蓬萊海道，使我警戒船艇無法駛進南島南岸警戒，以利其暗夜進襲。

進襲之前刻，暗中以部隊由長山南島北方海岸，登陸即急速佔據全島唯一制高點之嵐山山頂，致我地面部隊發覺匪由南岸進襲實施反擊時，自身已腹背受敵。聞我警戒部隊，惜未重視此地。

據突圍者言，匪共所使用之部隊皆為韓共，使用俄式武器，服裝破舊，俄匪之一體於此可見。

2. 我軍優點缺點

匪首射長山南島後，我即派太湖、太昭馳援，並由中權輸送武器及彈藥，可稱支援迅速。

各島間通信，只靠人力及火號，難以應合實戰之要求。尤

其各島只由自衛隊防守，不足反擊匪之進襲。

我軍於匪襲前三日，蓬萊逃歸島民告知匪之準備及組織行動方式等甚詳盡，惜我方因月來守離命令交替不決，恐人心動搖，而未作妥善處置，有失機先。尤為浩歎者，嵐山頂制高點，未能及時警備，乃一失著處。

指揮方面，我海陸雙方併行，無連繫、無協調，致使兩方不能互為支援，而集中火力打擊匪敵。

有力艦艇行動暴露，離島駛大沽海面時，由蓬萊水道離去，匪岸砲曾轟擊數發，當已為匪發現我離去，可能利用此時發動攻擊。就當日情況實有此可能。

3. 經驗教訓

情報之蒐集運用適當否，常能影響戰局。對我不利之情報，萬勿以安定人民為詞，而不作必要之準備措施。

制高點為陸地戰鬥中必須控制之地，如為敵有，我即陷入被動、仰攻之不便，而其後果常遭慘敗。

海島保衛中，對外圍之無人島嶼，不能因其不適人類生存，而認為敵人亦無佔據之企圖。此次大竹山為匪偷設砲位，即屬我方以常理推論之錯誤。

4. 改進意見與建議

指揮在一地區，必須絕對一元化，如屬可能並須不時演習，以求臻於盡善盡美。指揮官之人選，上級宜命令確定之。

主島鄰接島嶼，尤其無人居住之荒島，宜不時登陸搜察，嚴密監視，以防敵之利用。其各島間通信支援及確保常用之兵力，宜確合實戰之要求，如僅為表面文章，而不適時合理作細節之預想，必陷本身於窘境，悔恨不及矣。

（四）關閉港口政策

● 劉廣凱
作戰時級職：海軍第一艦隊司令部代將艦隊司令
撰寫時級職：海軍總司令部中將副總司令

作戰地區：沿海各港口

作戰起迄日期：38 年 6 月 26 日起

戡亂－關閉政策執行報告

一、前言

　　民國三十八年五月國軍自京滬轉進後，政府宣布關閉匪港口，計宣布之關閉港口包括營口、葫蘆島、秦皇島、天津、煙台、威海衛、青島、連雲港、上海、寧波、永嘉、三都澳、福州、廈門、汕頭、廣州等港及其附近水域，沿海岸北起遼河口外，南迄電白西，長達二千餘海浬。關閉執行區域，計分蘇浙沿海區（包括黃海區、東海區、渤海區）、閩海區及粵海區等三區。

　　余該時任海軍第一艦隊代將司令，率領艦隊駐防舟山，受命擔任浙海區兼黃海區關閉執行指揮官，以舟山群島之定海為基地，統帥本艦隊及海軍第一巡防艇隊、第一機動艇隊所負之任務，除保衛舟山群島協同友軍作戰外，對於關閉匪港任務之執行，當為首要。蓋關閉匪港口之目的，在於打擊共匪之經濟，斷絕其海上運輸補給，破壞其海上通商貿易，窒息其經濟命脈，進而促成其軍事上的崩潰。而關閉之諸區，則以黃海區最為重要，其執行上所遭遇之困難，亦以黃海區為最甚。蓋因黃海區劃定為長江口至甬江一帶，包括上海在內，上海為國際重港，為全國經濟核心，對外貿易頻繁，陷匪後形勢依然，故海軍對其特別重視，加強其關閉執行，以期確收窒息匪區之實效。

二、關閉執行之困難

關閉執行困難之因素，除艦艇使用兵力因關閉區域遼闊不敷分配外，則為艦艇修護補給困難，將士待遇菲薄，出航時間過長，基地設施欠缺，致使艦艇任務執行備形艱苦，而其中最大之困難，當屬外輪與共匪勾結，圖乘隙偷渡，共匪則更欲乘機製造禍端，使我政府於國際之處境蒙受不利之影響。蓋外輪因利之所在，或對勸告根本置之不理，或暫時周旋，事後仍乘隙偷渡，常與我艦艇直如互抓謎藏，甚或部分外輪憑其國勢強盛，或以其政府未承認我關閉法令為藉口，不顧警告，冒彈猛衝企圖，闖關者亦比比皆是。

其更有甚者，則為某些國家，不顧國際道義，乘我國之危損人利己，竟出動正規艦隊實行武力護航，例如英驅逐艦隊駐泊長江口及閩江口公開護航，英驅逐艦於閩海區砲擊我執行關閉之SC 驅潛艇等，即屬是例。

蓋海權國家，對封鎖關閉之執行胥賴其海軍實力，吾人海上實力，平時受多種因素及觀念之影響，已不如他人遠甚，況際此國家動盪之際，戡亂作戰已自顧不暇，對國際問題更不欲多惹糾紛，乃奉海總部訓令，執行關閉之原則，以勸阻警告行之，避免直接向外輪射擊，以免傷害外人為上策。似此執行者則至感困惑。蓋外輪不唯置勸告不理，對警告及發砲甚亦不顧一時厥強橫衝，勢非達成其闖關之目的不可，倘我不能衡情度勢予以有效的強制執行，則無異宣佈關閉政策為無效，更使我政府之法令如具文矣。然若對撞關外輪直接射擊，強制執行則恐傷及外人生命財產，招致惡劣後果，此為政府明令所不許者。似此情狀處理實難，海軍之任務既須保持我法令遵嚴，有效執行關閉而不能採取強硬措施，其間折衝困難，實不可以言喻，雖局外人亦可得而知也。

　　然我海軍忠勇將士，卒能任勞任怨，智勇兼施，以堅毅不拔
之精神，含辛茹苦，忠誠果敢之態度，排除萬難，終能達成任
務，不辱使命。此亦為戡亂史中值得重視之一段史紀也。

三、關閉之區域

（一）閩江口（東經 119 度 40 分、北緯 26 度 15 分）至遼河口外
　　　（東經 122 度 20 分、北緯 40 度 30 分）包括沿海各島。

　　　1. 關閉港口：三都澳、永嘉、寧波、上海、連營港、青
　　　　　島、威海衛、煙台、天津、秦皇島、葫蘆島、營口。

　　　2. 關閉開始時間：中華民國三十八年六月廿六日零時零
　　　　　分起。

（二）閩江口（東經 119 度 40 分、北緯 26 度 15 分）至圍頭灣
　　　北端（東經 118 度 24 分、北緯 24 度 31 分）包括沿海各島。

　　　1. 關閉港口：福州。

　　　2. 開始關閉時間：三十八年八月廿七日零時零分。

（三）圍頭灣北端原點（東經 118 度 24 分、北緯 24 度 31 分）
　　　向南至電白西端（東經 111 度 20 分、北緯 21 度 30 分）。

　　　1. 關閉港口：廈門、汕頭、廣州。

　　　2. 關閉開始時間：三十八年十一月○時○分。

四、部署及區分

　　甲、蘇浙沿海區

　　　　指揮官：海軍第一艦隊司令劉廣凱代將

　　　（一）黃海區

　　　　　A. 基地：定海。

　　　　　B. 任務：關閉長江口、甬江口，並防守基地。

　　　　C. 兵力：第一艦隊所屬各艦，第一機動艇隊、第一
　　　　　 巡防艇隊。

　　　　D. 指揮官：第一艦隊司令兼。

　　（二）東海區

　　　　A. 基地：大陳。

　　　　B. 任務：關閉浙東閩北甌江口，並防守基地。

　　　　C. 兵力：咸寧、永靖、美珍，及溫台巡防處所屬砲
　　　　　 艇五艘。

　　　　D. 指揮官：溫台巡防處處長李丕績中校。

　　（三）渤海區

　　　　A. 基地：長山島。

　　　　B. 任務：關閉渤海灣各港並防守基地。

　　　　C. 兵力：中權、美宏，砲艇：海澄、海明、103、
　　　　　 102 及第二艦隊一部分兵力。

　　　　D. 指揮官：長山島巡防處長。

　乙、閩海區

　　　指揮官：第二艦隊司令黎玉璽代將

　　（一）閩江口區

　　　　A. 基地：馬祖島。

　　　　B. 任務：關閉閩江口一帶地區防守基地。

　　　　C. 兵力：嘉陵、美朋、美樂、聯華、焦山、南台。

　　　　D. 指揮官：馬祖巡防處長關鏞上校兼。

　　（二）廈門區

　　　　A. 基地：金門島。

　　　　B. 任務：關閉廈門、汕頭一帶並防守基地。

　　　　C. 兵力：楚觀、南安、掃 202、掃 203 等艦艇。

D.指揮官：金門巡防處處長王正經兼。

丙、粵海區

指揮官：第三艦隊司令王恩華代將

A.基地：萬山群島。

B.任務：關閉珠江口一帶各港並防守基地。

C.兵力：太倉、太昭、永嘉及砲艇十二艘。

五、執行經過

自關閉匪區港口宣佈後，我艦艇即分馳任務區，分別執行關閉任務，黃海區破壞我關閉法令外籍輪船計廿四艘，捕獲及擊沉違反關閉法令中國籍船隻十七艘（帆船不計入），其截阻處理各船情形，情節各異，故分述如後，並摘錄海軍三十八年作戰報告書之「海軍第一艦隊執行長江口關閉與英海軍艦隊及商船隊交涉過記要」以資參證。

甲、破壞關閉法令之外籍商船

1. 蘇彝士明星號：該輪係埃及籍，三十八年七月廿三日駛出長江口為永寧艦截獲，船上有外籍引港一名，經將引水船外籍領港一併送交台北外交部特派員公署，該船當即被放行。

2. 新順利：該輪英籍，八月二十日晨在長江口進口燈船處，為我太倉艦發現，當即勸阻該輪，待進至第二號浮筒處始遵令停車，唯藉詞舵機損壞須進滬修理，經太倉嚴詞警告，迫令離開，並警告如冒險駛入此區關閉之港口，一切後果應由該輪自負其責，該輪始東向緩航，由永寧艦監視離開。

3. 愛迪斯摩拉號（EDITH MORLER）：英籍，該輪八月二

日曾偷渡進滬，准外交部歐來微電通知，廿三日再行偷渡，在長江口為太倉艦截獲，押送定海，後經國防部令九月十八日放行。

4. 隆美（LEONGBEE）號：英籍，該輪八月廿九日 1800 偷渡上海，但於九月八日自滬駛出於長江北水道，在佘山附近為永靖艦截獲，解送定海偵訊，後經奉國防部令釋放。

5. 飛行商人號：該輪美籍，八月廿九日於長江口附近為永定艦勸阻駛去，復於十月一日該輪乘太和艦押獨立、飛剪兩輪赴定海之機偷入上海，於十月十五日晚駛出，仍為太和艦發覺，迫令停車，並遵國防部指示處理，該輪拒不接受返滬卸載或將貨物拋海，因當時在海上按諸事實將貨物拋海亦無法執行，又因當時舟山區金塘島戰事爆發，局勢緊張，未便押往定海，乃嚴詞警告後予以放行。

6. 飛行獨立號：美籍，曾於九月十八日冒充撤僑名義駛滬，九月廿九日駛出為永定艦截獲，查悉該輪載有客貨，拒不遵國防部指示返滬卸載，乃由我艦押至定海大魚山偵訊留滯，後奉令警告放行。

7. 飛剪號：美籍，違反我關閉法令，其經過處理與獨立號同。

8. 希臘輪亞菲號（ARMTHIA）：該輪載軍商貨物駛滬，於十月廿一日抵長江口，為太康艦截留扣至三十一日押至馬公，於十一月十二日奉國防部令釋放。

9. 英輪濟南號、路易士摩拉號：該兩輪於十月廿八日在英艦 F60 及 F672 兩艦護航下，直入長江，不受永定艦勸阻。

10. 英輪燕治姆爾（INCHMULL）號：於十一月十二日為英艦 CONCORD 號護航至九段沙，為太康艦截阻下錨，不敢強入，然亦不肯駛離，於十二月三日屢圖衝入，均為

我艦阻止，卒未得逞，自行離去。

11. 英輪濟南號：該輪曾於十月廿四日為英艦 F60 及 F672 兩艦護航強入，復於十一月五日駛出，載貨千餘噸，華籍搭客四十八人，外籍搭客三人，為太康艦截留，待有英艦在口外聲援，拒不接受我處理辦法進滬卸貨，僵持逾週，糧食不繼，飭其具結，不再破壞我關閉法令，十六日晨釋放。

12. 侶士德勝利號（WOOSTER VICTORY）：該輪赴滬撤退國際難民，事先奉准前往，十一月四日經太康與其連絡後准其入滬，十一月六日駛出，查明未裝貨物，當即放行。

13. 蒲林美斯（PROMISE）：挪威籍，十一月六日晚抵長江口，七日晨企圖入滬，太平艦信號通知勸阻多次無效，乃對空發砲警告，該輪乃畏懼自動請求駛離。

14. 和生號：英籍：曾俟際偷渡入上海，復於十月八日駛出，為太平艦截扣拋錨於九段沙，但拒絕受我處理辦法，僵持至十六日，飭具結不再破壞我關閉政策後釋放。

15. 東方勇士號：挪威籍，十一月八日欲偷駛入滬，為太平艦截阻警告後駛去。

16. 路易士摩拉號：該輪英籍，曾於十月廿六日為英艦 F60 及 F672 兩艦護航入滬，乘隙偷出，復於十一月十日再來，太平艦再三勸阻，並對空射擊警告，該輪冒彈急駛受傷入滬，於十二日自滬駛出，未載客貨，於警告後放行。復於十一月廿九日自港再駛長江口，被阻。十二月三日自行請離去。

17. 友拿他（UNITE）號：挪威籍，十一月十一日圖駛入滬，為太平艦押赴普陀，後奉國防部令飭具結不再進匪港，後放行。

18. 飛雲號：美籍，乘隙偷渡入滬，十一月十五日晨自滬駛出，載有客貨，拒絕我處理辦法，經太康多次警告，均毫不理會，太康先對空發砲數警，然仍不置理，太康乃向其船頭發砲，以求嚇阻，該輪冒彈猛衝，結果逃出口。

19. 法蘭克林號：美籍，十一月廿八日十六時，強駛入長江口，經太和、太平兩艦多次警告拒不停車，太和對其航線前方射擊，該輪竟不顧一切冒彈猛衝，卒逃脫入滬，十二月九日上午自滬駛出，因事先轉美代辦特別請求准予放行，當由太康派員登輪查詢，並予警告後放行。

20. 寧海號、因其美號、怡生號：英籍，十一月廿四日晨為英艦護航至銅沙附近，為我永泰艦勸阻駛離去，因奇美、寧海十二月九日離去，怡生號十二月二日離去。

21. 埃邦奴、因其美、燕治姆爾、寧海、怡生等七艘英商船船長，於十二月廿七日登旗艦太和號強硬要求駛滬（該時英艦隊泊附近），並以承認匪政權為要挾，余即允在太和號接見，除嚴詞拒絕外，並予開導及教訓，並與英艦隊竭力折衝後，該五輪卒於先後離去，而造成於執行關閉過程中之一重要史績（詳情見會談記要）。

22. 大金山號：英籍，十二月十三日利用濃霧全速急衝入滬，為永泰艦發覺，急用信號勸阻，該輪全不理會，對空發砲警告後，始停車返航錨泊銅沙附近，十二月廿一日離去。

23. 加里湖號（CANIM-LAKE）：加拿大籍，同大金山。

24. 哈特上將號（ADMIRAL HARDY）：英籍，十二月十一日下午利用濃霧高速偷駛入滬，為永泰發覺迎頭攔阻，迫令駛出領海。十四日上午九時又以高速內駛，永泰先以信號勸阻，該輪一面回答一面上衝，永泰迫及與該輪平行，

力勸回航，相持數十分鐘毫無效果，永泰乃對空發砲迫其返航，十二月廿一日離去。

附：海軍第一艦隊執行關閉長江口與英海軍艦隊及英商船隊交涉過紀要

時間：三十八年十一月廿七日

地點：長江口外九段沙燈標水域

我艦隊兵力：太和（旗艦）、太康、太平、永樂四艦

指揮官：第一艦隊代將司令劉廣凱

英艦隊兵力：BLACK SWAN、BRIDES BAY、CARDIGAN BAY、MOUNTS BAY 四艘驅逐艦

指揮官：英遠東艦隊驅逐隊長 CAPTAIN JAY

英商船隊：寧海、怡生、EBONOL、INCHMAY、INCHMULL、LOUISE MOLLER、ELSEI MOLLER 等七艘

（一）劉司令與英艦隊指揮官 CAPTAIN JAY 通信摘要

1. 給劉司令：本人為英遠東艦隊驅逐隊長，為英海軍現駐長江口艦隊之指揮官，旗艦為：BLACK SWAN，貴司令有何見教，祈示知。

2. 劉司令復：本人為中國海軍第一艦隊司令，敬代表本艦隊全體官兵向貴指揮官及駐此英艦隊官兵致意，貴方如有何需求，余願竭誠協助。

3. 復劉司令：此間現存之僵局對勢，應即須打開解決，中英兩國海軍具有良好之友誼，悠久之歷史，英海軍在可能範圍內，仍望避免與中國海軍發生不幸的意外事件，貴司令如何處理此一極待解決之懸案，請即告知，以便有所

決定。

4. 劉司令復：來示敬悉：關於目前在長江口英商船隊之被阻入上海港懸而未決的問題，中國海軍以奉令駐此執行中國政府所賦予的關閉匪港命令，任何船隻無命均不得進出，此種關閉中國沿海岸匪港政策，自一九四九年六月廿六日起，即已宣佈實行，諒為貴國所洞曉。中國海軍在未接獲中國政府特別命令前，對任何企圖出入長江口之船隻，絕對無權擅自放行。本人認為解決目前問題的最好方法，煩請貴指揮官速即呈報英國政府逕向中國政府交涉，循正式的外交途徑謀求解決方策，比較合理。本人更認為目前中英駐泊長江口之海軍，無任何意外事件的危險性發生。反之吾人深願維持兩國海軍間久遠性的友誼。

5. 復劉司令：貴司令之意見，本人立即呈報英海軍遠東艦隊司令轉報英政府，敬致謝忱。

（二）英輪寧海船長與劉司令通信

寧海問：對我有無特別信號或通知。

劉司令答：除不喜歡你們去上海外，目前無特別通知。

寧海問：我們可以來貴艦一談嗎？

劉司令復：各船主均歡迎蒞臨一敘。

（三）劉司令與英輪等七船主談話摘要（地點太和旗艦）

劉司令：各位駕臨，有何見教？

英船主：我等奉公司之命，載客貨赴上海，為何中國海軍不許我們入內？

劉司令：中國海軍奉命執行關閉匪區港口政策，任何船隻無命

　　　均不得出入，並非專對英國商船為然。

英船主：英國並未承認中國政府的關閉政策。

劉司令：可是中國海軍是承認而且絕對遵行中國政府的關閉政策的。

英船主：中國海軍一定若阻止我們英國商船去上海經商，那麼恐怕要引起英國政府從速考慮承認中共政權的問題，如果英政府真的承認了中國共黨政權，那麼中國海軍在國際上就沒有了立場，豈不變成了海盜了嗎？

劉司令：本人僅就軍事觀點，就事論事，無命令就不能准你們去上海，至於英國政府承認中共政權與否，這是屬於英國外交的政策問題，本人無可置評。但願奉告諸君者，中國海軍自有其歷史上與國際上的立場，並不是僅因英國政府承認中共偽政權後就會被否定了的。

英船主：中國政府為甚麼要封鎖匪港呢？

劉司令：斷絕匪方物資來源，加速匪經濟崩潰。

英船主：我們各船所載的全係商品和工業品，並非軍用品，可請派員到各船去檢查，難道匪區內的中國人民生活上不要物品和錢財嗎？

劉司令：匪區裡中國人民的生命都為共匪所控制，那裡還談得到甚麼錢財和物品呢？他們已一時無法需要了。

英船主：那麼我們各船現在應該怎麼辦呢？

劉司令：你們如果去台灣或海南島方面的中國自由各港口經商，我們十分歡迎。

英船主：可是我們各奉公司的命令，目的是去上海呀！

劉司令：這個現在絕對辦不到。

英船主：假若我們各船硬衝進上海怎樣呢？你們軍艦是否會射擊

我們？

劉司令：我有三點意見奉告：1. 我絕對不許你們進口。2. 如果你們真衝入上海時，恐怕共匪不明真情傷害你們，我又無法保護。3. 你們硬行進口倖僥成功後也不易出口，因為我們各艦砲火對不聽警告勸阻的船隻，是會自動發射的。

英船主：貴司令對我們希望要求，指示如何？

劉司令：最好由中英兩國政府循正式的外交途徑解決，若是中國政府答應你們去上海時，我本人絕對不多留難一分鐘，關於這一點我剛才已和 CAPTAIN JAY 取得同意。

英船主：我們能否局部談判就地解決？

劉司令：請絕念，絕對不可能。

英船主：我們現在各船的食物、淡水和燃料都快盡了。如不准我們去上海，還要請中國海軍幫忙哩。

劉司令：我們各艦都是作戰船隻，不是補給船，同時事先也知道各位到這裡來，歉難照辦。我看還是快回香港補充，靜候佳音為妙。

英船主：中國政府和人民所進行的剿匪反蘇戰爭，還須持續多久呢？

劉司令：請問史達林便知。

英船主：中國政府是否要邀請美、英兩國參加反蘇戰爭？

劉司令：中國政府和人民對國際共匪侵略勢力作戰，已單獨奮鬥多年，現雖處境艱險，但絕繼續奮鬥下去。英國政府如果因局勢需要參加聯合反共反蘇集團，中國當然歡迎，但絕無勉強之意。

英船主：據我所知英、美、蘇三國，現正努力覓取世界和平，

並不願戰爭再起。

劉司令：世界若能真正和平固然最好，但是每次三國開外長會議時，為甚麼英國貝文外長和莫洛托夫弄得面紅耳赤，會議常是不歡而散，無結果而終呢？先生，請你不要閉著眼睛說話吧。

英船主：我敢保證，假如你准許我們去上海，中共對於我們外國人很好，是不會傷害我們的。

劉司令：共匪對於外國人的特殊待遇，最近美國駐瀋陽領事華德受辱事件就是一個最好的說明，假如我們不會健忘的話，今春英國海軍紫水晶、黑天鵝、倫敦號各艦在長江下游被匪岸砲射擊的事件，也應該算是中共對待貴國的殊遇哩，不過假使你們去上海後，因中國飛機常去那邊巡邏，萬一炸彈落錯在你們船上，那才是悲慘極拉，各位先生最好不要冒犯那個，別人無法負責而咎由自取的險事，我們再會吧。

乙、破壞關閉法之中國籍商輪

A. 汽船：共十七艘，計引水船一艘，洽怡輪、大成機船、同亨汽船、德豫汽船、同豐汽船、北隆汽船，以上七艘均經政府依法判決予以沒收。另新寶順汽船及濟華機船二艘，照原價罰款百分之七十發還。其餘順泰汽船、海旦、申源、天寶、新雲利、源興、恒興利、隆洋諸汽船，均依法處理。

B. 帆漁船：帆漁船破壞關閉者逾數百餘艘，然其中多數均經驅回，不聽勸告者或屬匪船，間亦有被擊沉、焚燬或押回者，計押回二十二艘，焚燬七艘，擊沉三艘。

六、檢討

1. 因關閉執行區域廣大，海軍兵力不敷調配，本區亦復如此，故長江口經常僅能保持駐艦一至二艘，若此駐艦押解閉關船隻前往基地，則後來之其他船隻，常可伺隙偷入。

2. 長江南北口均異常遼闊，北口尤為小輪及帆船進出孔道，因艦艇不敷調配，致北口未予監視，小型船隻或有偷渡可能，似應予沉船堵塞，以絕後患。

3. 英艦駐泊長江口外實行武裝護航，對處理英輪亟感困難（按英艦遇我艦時，均實彈備戰，唯砲口未對我而已）。

4. 外人蔑視我法令，置我勸告、截阻於不理，對發砲警告亦置不顧，蓋由我國積弱多年與當時國際蜩螗之所致，自我艦砲擊路易士摩拉、飛剪號、富蘭克林爵士號各外籍輪及外籍輪欲闖關者，始略具戒心不敢逞強，此皆由我艦隊奮不顧一切犧牲表示執行決心之所收獲之結果。

● 張仁耀

作戰時級職：海軍永寧軍艦中校艦長
海軍太湖軍艦中校艦長
撰寫時級職：海軍後勤艦隊司令部上校司令

作戰地區：長江口、大沽口

作戰起迄日期：38 年 6 月至 8 月

長江口及大沽口執行關閉

（一）概述

關閉行為在本質上雖非必須戰鬥，而在形態上則隨時準
備戰鬥，否則無須派遣軍艦執行港口關閉任務也。

政府至移廣州撤離淞滬後，尚保有舟山群島，鑑於上海港
為我國一最大之吐納港，如仍任其自由使用，則對匪與國
際貿易則無法斷絕對匪經濟作戰，亦不能達到目的。故政
府決心通告各國關閉匪佔各港，於三十八年六月二十四日
執行，二十六日有效，余率永寧、永靖二艦首奉令執行關
閉上海港。

（二）執行經過

甲、長江口

六月廿四日晨永寧、永靖二艦駛長江口，令永靖在九
段沙附近錨泊戍守，永寧在燈船附近戍守，接近長江
口時，余見領港船及進口燈船停泊彼處，實對進口商
船導航上有莫大俾益，決心先行監視，對領港船令其
停止執行領港任務，並派員上船，將其與上海通信設
備破壞，以免其阻礙吾人命令之執行。經調查，有外
籍領港五人初尚倔強，後以利害相告，使稍安毋燥，

兩船之拖回舟山亦預有決心，俟回航時執行。

二十五日長江下游籠罩於低氣壓下，天氣惡劣，視界迷糊，隱約中見一大型艦船進口，當時本艦錨泊領港船附近，當時以燈號詢問「要領港否」，以隱蔽本艦之任務而迷惑其視覺，該船回答不需領港，又問其來至何處，答為來至連雲港，通信間已能斷定其為中字型船，船名為樂怡號，屬救總。余憶及部隊南撤時，有中字型一艘上載傘兵由滬去閩，出長江口後為匪諜劫持連雲港，此中字型莫非彼船乎。當時有此意念在腦中，一瞬立即啟錨備戰，決心攔截，一面以燈號虛予委蛇，待本艦駛至其東方－阻其出口逃遁，即令其下錨準備吾人檢查，蓋此時料其已發覺本艦為軍艦也，無再隱瞞之必要。該船聽令錨泊後，令其船長、輪機長攜帶人員名冊及裝載冊簿來驗，於驚滔駭浪下果乘小艇駛向本艦報到，船長為英籍，輪機長為白俄，所載為煤，余告以政府已下令關閉匪佔各港，該船必需扣留，其船主任持以外籍人員優越之觀念不予接受，亦不道其實情。余見船員名冊，其大副以下均為中國人，令其小艇接其大副再來艦備詢，大副為家居上海，見吾人如見親人，甚懸念其妻室，並將船上匪徒八員擔任押運，本擬與本艦對抗，經彼等努力騙駁，始不敢暴露。余悉其真情後，轉詢英籍船主為何不吐真言，彼無言以對，始伏罍就扣。余允決保護彼等生命之安全，適艦隊劉司令親率長治號由定駛來，經請示後將兩外籍人員移送長治艦，大副令其回船準備隨本艦駛回舟山，與永靖分押商船二隻、領港船一

隻（為聯字型艦，後改為巡艇母艦）、燈船一隻、樂怡號一艘，於二十七日抵達舟山，靠近樂怡，並俘匪徒八名，移押舟山指揮部。

乙、大沽口

八月於奉命接長太湖軍艦艦長，接任後當日即由艦隊司令黎玉璽率領太湖、太昭二艦遠巡渤海，其時長山八島尚有守軍，惟塘大已於卅八年春撤守，為匪所利用，經大半年時間，料必有外商輪進出該港。八月八日晨抵大沽口，果見外籍商輪四、五艘錨泊等待進港，另一艘黑色商輪約有二千餘噸，並有號碼為65號，未見懸任何旗幟，斷為匪運輸輪船，經電令其船主及輪機長攜帶人員名冊及載貨詳單來艦報到後，知果為匪方船隻，經決定將其攜往台灣，令其先將匪方押運人員交來。適有一小輪來自港內，彼允即送，殊知該小輪接運後駛向港內，而65號亦斷錨駛向港內，本艦見此情況，知其脫逃，隨即先以砲火制壓，一方啟錨追趕，在本艦猛烈砲火制壓下，該匪輪任不顧一切駛向港內，此時吾人見不能俘獲，遂決心將其擊沉。該輪經命中要害，發生爆炸，進水甚劇，見其沉沒近岸海中，本艦始停止射擊。惟港外尚留有駁船若干，悉數攜往長山八島，經此猛烈轟擊，初各外輪不接受吾人勸告，不願離去，經睹此情況後，不約而同不須任何通知，瞬息均作鳥獸散矣。吾人歸航中，覆巡視秦皇島，恐外輪隱蔽其間，但均未發現，確已遠離，即可證明以武力封鎖實為準戰鬥行為，亦證明海權之重要。

（三）檢討

　　關閉港口任務為海軍第一次所負之任務，余以為各指揮官應負責機警，並須充分發揮智慧，把握機會，如本次對領港船之通信破壞與監視，對樂怡號之欺騙等，以及樂怡號船員通力合作騙取匪徒槍枝，均為一種機智之表現，對匪輪 65 號之決心擊沉，均為果敢之行為。然此舉對匪之經濟封鎖，其後果則無法估計。今日思及對匪放寬禁運，吾人在法律尚仍據有關閉之權利，亦為當時執行此項命令之明舉結果也。

● 馮啟聰

作戰時級職：海軍太平軍艦上校艦長
撰寫時級職：海軍兩棲部隊司令部少將司令

作戰地區：長江口

作戰起迄日期：38年11月上旬

戡亂長江口戰役執行關閉港口任務

概述

一、我軍撤離上海轉進舟山後，為窒息匪區經濟，促速其崩潰，
　　政府宣布自卅八年六月廿六日零時零分起，關閉三都澳、永
　　嘉、寧波、上海、連雲港、青島、威海衛、煙台、天津、秦
　　皇島、葫蘆島、營口等港口，關閉港口之有關區域自閩江口
　　之北東經一一九度四〇分、北緯二六度一五分起，沿我國領
　　海包含各屬島海岸在低潮三浬以內之海面，至遼河外附近東
　　經一二二度二〇分、北緯四〇度三〇分止。

二、本軍奉命執行關閉任務，以上海一港昔為全國經濟核心，陷
　　匪以後，形勢依然，故本軍特別加以重視，使用兵力亦較其
　　他區域為多。當時黃海區執行關閉艦艇佈署如下：

　　（一）指揮官：第一艦隊司令劉廣凱。

　　（二）基地：定海（岱山、泗礁、長塗島為輔助基地）。

　　（三）兵力：第一艦隊所屬各艦及第一機動艇隊防艇八艘。

　　（四）主要任務：關閉長江口、甬江口及防守基地。

三、時值大陸情勢逆轉，國際間對我政府關閉港口政策，態度不
　　一，除美國政府默認外，其他各國妄顧道義，提出反對，尤
　　以英國醞釀承認匪偽政權，反對尤力，浸假為維護其商業利

益，派艦護航，藉圖衝破我封鎖線，打擊我關閉政策。而當時我艦隊力量既弱，國際環境特別困難，國防部復又轉頒政府命令，嚴禁直接向闖關外輪射擊，以免傷及外人，引起國際紛爭，增加外交困難，以及影響與香港英方正在進行交涉提取之資源委員會及中國航空公司之物資。因之，我軍艦艇處境至感困難，僅以警告方式自無法阻止外輪闖關；如以武力對付，有違上級命令。故各艦艇輪替戍守長江口，對關閉任務之執行雖獲有效果，但未達到絕對關閉之地步。

執行任務經過

一、太平艦於十一月上旬奉命開赴長江執行關閉任務，獨立戍守南口，接替長治艦。於開抵目的地後，即舉行艦務會議，討論執行關閉任務措施，當時一致認為：

（一）僅以警告方式，斷不能阻止闖關外輪。

（二）如外輪不聽勸告，揚長駛入，國家尊嚴、海軍威信均受凌辱。

（三）英人性格為唯利是圖，復於遠東海面具有海軍實力，故事實上闖關外輪最受其本國政府有力支援者為英輪，如英輪受阻，其他國籍商輪必知難而退。

當針對上列三項情況，研獲本艦執行關閉任務之原則如下：

（一）先行訴諸法理與道義，勸服闖關商輪及護航英艦，對所提抗議均請循外交途徑，向我國政府洽商。

（二）扣檢及以砲火威脅商輪回航，對護航英艦則充分顯示本艦執行任務之堅定態度與維護法理、行使主權之尊嚴，但盡可能避免與英艦正面發生砲戰。

二、太平艦獨負關閉長江南口任務，屢阻意圖闖關外輪，其中尤

以砲阻英籍油輪路易士摩拉號最為險惡。該油輪係以裝有五吋口徑雙聯裝砲塔之英艦黑天鵝及「拜拉士比」二艘為護鼓輪而至，疾駛闖關，我以信號婉勸，該輪不予理會，復嚴予警告並以砲火威脅其航道，仍鼓輪如故亦不作答，意者以為有艦護送，實力且強於我，有足恃也。是時乃深感國家尊嚴、海軍威信兩受凌辱，而英人利慾薰心，非痛予一懲將無以儆來茲。於是毅然下令發砲轟之，並指定以煙囪為轟擊目標，不許對駕駛台及水線以下射擊，以免傷人及沉沒。結果連發數彈均中該輪中部，該輪旋即鳴笛呼救並掛旗遵命停俥受檢，而該兩英艦初頗作態，若將有所動作者，繼見我疾駛向前佔據背日之有利位置，並迫近對該英艦射擊之最有利距離，復接我發出「速即離開我領海，勿干預我關閉任務之執行，否則視為有對我挑戰之行為」之嚴厲警告信號，該兩護航艦自知理屈，並懾於我寧為玉碎及汝偕亡之決心，悄然相率引去。此為我宣布關閉港口以來恃強進出上海外輪遭受砲轟之第一艘。

三、該砲轟事件發生後，即以無線電話報告當時駐節太湖艦，督戰舟山之桂總司令，陳述始末，對於未得許可施用武力之舉，甘願承受應得處分。自是而後，長江南口英輪絕跡，其他國籍外輪更不敢「南下牧馬」。

檢討

一、外輪重視利益，妄顧道義，並藐視我主權及國際公法，蓄意闖關，故執行關閉任務自非「勸阻」所能奏效。

二、外交政策與軍事政策當相配合，既已宣布關閉政策，而於執行時唯恐增加外交上之困難又令軍方不得使用武力，以致養

成及增加闖關外輪之企圖心，抑亦使執行任務之海軍艦艇處境困難。

三、護航英艦恃強凌弱，以為實力既強於我，自易迫我就範，默許其英輪揚長進出，惟遭我武力對付之後，又懾於我立場之堅定以及犧牲決心，悄然別去，可見公理實足以戰勝強權。

四、凡事能下大決心、立大志願，自無不可達成之任務。

● **陳紹平**
作戰時級職：海軍永豐軍艦中校艦長
撰寫時級職：海軍總司令部督察室中校督察官

作戰地區：長江口、閩江口、廈門港、汕頭港
作戰起迄日期：38 年 12 月 26 日至 39 年 5 月 24 日

沿海封鎖戰

（一）概述

　　永豐艦的武裝和佈雷軌於卅八年十二月二日全部竣工，隨即加入戰鬥行列，而歸總部直接指揮擔任佈雷工作。永豐係新成軍的軍艦，余為該艦的第一任艦長，她裝三吋砲一門，四十糎砲二門，二十糎砲四門，佈雷軌兩條，一次可佈雷十六枚，人員官十六員、士兵九十八員。

（二）作戰前之狀況

　　上海撤退後，局勢急轉直下，大陸錦繡河山，大部為敵所侵佔，我僅保有西南半壁及舟山以南各島嶼，而以台灣為中心，抗拒匪兵。時總統蔣公尚未復職，人心惶惶，政府為阻止敵艦侵襲台灣，並斷絕其海上交通起見，遂有封鎖大陸之舉，除派艦艇經常巡邏大陸沿海外，並令本艦擔任沿海各港口佈雷，時各港口之航行標誌、燈浮、燈塔等，均已破壞無餘，佈雷須於晚間偷入實施，在敵要塞砲控制之下，這是一件最艱鉅的任務。

（三）我軍作戰指導

1. 原則指導

　　為避免敵方攻擊及暴露所佈雷區位置，佈雷作業均於暗夜實施，又因水雷生產量不足，雷區之選定須於敵港內水道最緊要最窄狹處。

2. 技術指導

　（1）長江南水道第一次

　　　　雷區位置　江亞沉船南

　　　　雷之種類　九三式機雷

　　　　深　　度　水面下三米

　　　　距　　離　六百米

　　　　間　　隔　二百米

　（2）閩江口甲區

　　　　雷區位置　二號水鼓以內

　　　　雷之種類　九三式機雷

　　　　深　　度　二米

　　　　距　　離　五百米

　　　　間　　隔　一百米

　（3）廈門港

　　　　雷區位置　小擔內三浬，日嶼與青嶼之間

　　　　雷之種類　九三式機雷

　　　　深　　度　三米

　　　　距　　離　三百米

　　　　間　　隔　一百米

　（4）長江中水道

　　　　雷區位置　崇明島東南

　　　　　雷之種類　九三式機雷

　　　　　深　　度　水線下二米

　　　　　距　　離　五百米

　　　　　間　　隔　一百米

　　（5）長江南水道第二次

　　　　　雷區位置　福慶沉船北

　　　　　雷之種類　九三式機雷

　　　　　深　　度　水面下三米

　　　　　距　　離　六百米

　　　　　間　　隔　二百米

　　（6）汕頭港

　　　　　雷區位置　鹿嶼與尖石之間

　　　　　雷之種類　九三式機雷

　　　　　深　　度　二米半

　　　　　距　　離　四百米

　　　　　間　　隔　八十米

（四）作戰經過

1. 長江南水道

　　卅八年十二月廿五日，以太和為護航艦會同先駛長江口外，
2050 以江亞沉船為目標，開始摸索前進，卒因缺乏導航標誌，
而於 2150 擱淺，至廿六日 0140 潮發脫離淺灘，0500 再以江
亞沉船為目標摸索前進，0600 發現圓圓沙燈浮閃光，乃以此
為依據繼續前進，0630 抵達目標，即採取預定航向 54，航速
半浬，每隔 50 秒佈一雷，佈下第八雷後轉向 145，三分廿秒
後轉向 225，佈下所剩之雷。

2. 閩江口甲區

三十九年二月五日，佈下閩江口甲區之雷，護航艦是潮安，我們以馬祖為基地，於 1730 出發，抵達閩江口一號水鼓後，即按預定之航向航速前進，及至第二號水鼓再前進 8,000 碼，乃轉向 020 敷佈，當佈完第一排雷變換航道之際，艦底觸及淺灘，採取緊急措施而得脫險，以後各排雷佈下則頗順利。

3. 廈門港

二月廿五日本艦駛金門，廿六日 0100 離港，先以金門堆之發聲水鼓為目標，精確的定了船位並記錄時間後，向目的地前進，抵小擔嶼時發現一燈火管制之砲艇，誤以為匪軍，官兵均極緊張，準備應戰，實則乃我艇南安也。0235 抵達預定的雷區，確定艦位後即轉 230 航向，以每時九浬的速度進行佈雷作業，佈定第一排後再轉向 140，一分鐘後又轉向 050，佈完其餘各雷。

4. 長江中水道

佈敷長江中水道雷時，仍以舟山群島為基地，四月十七日駛抵舟山之沈江門，十九日駛乘泗島，當日晚向長江中水道進發，此次之護航艦為太昭、永順，並以永順為定位目標艦，她先在離雷區位置七浬處確定船位下錨，2010 開始佈雷作業，至次日 0230 始完成。

5. 長江南水道第二次

四月廿七日 1700，本艦駛長江南水道作第二次佈雷，護航艦為太湖、永順，仍以永順為船位標定艦，該艦於雷區位置以東五浬處下錨，本艦以此為準，所以作業極為順利，不到兩小時的時間，就全部佈下。

6. 汕頭港

在汕頭港佈雷時，仍以金門為基地，金汕間有很長的距離，護航艦應先到雷區附近作適當的巡視，選定目標，以為導航，但護航的太平艦並未這樣作，所以這次佈雷至感困難。五月廿五日上午 1000 時，與太平艦離金向汕頭進發，2000 時抵南澎島，調整兩艦的距離後繼續前進，但以後太平的倦愈開愈慢，本艦到達表角時，她已落後一萬碼。次晨 0120 本艦抵鷗吻，再前進 2,500 碼抵鹿嶼東南，即以該島為目標轉 230 的航向，佈第一排，再轉 050 佈第二排，廿分鐘後全部完成。

（五）戰鬥後狀況

我在大陸各重要港口佈雷後，不但收到確實關閉大陸的效果，且匪艦大部封鎖在港內，一時不能駛出侵襲台灣，我得從容整訓軍隊及完成環島海防，寶島得以確保，佈雷實與有力焉。佈雷後，中外報紙均以最顯著之地位與極大之篇幅報導和讚揚此事，同時匪方因觸雷沉沒的船隻在三十艘以上，總計噸位不下十萬噸。

（六）檢討

佈雷前之應行準備之事項均付缺如，以致作業時極感困難，幾次均因情況惡劣而近於失敗的邊緣，這是一種大的冒險，是一種不可想像的冒險，護航艦缺乏訓練，有的則過分怯懦，這些都足以增加我們作業的困難，佈雷艦本身的缺點亦多，如裝雷量太少，雷暴露在甲板上及技術欠熟練等，均應切實改進。

參戰及傷亡人馬數目統計表

部隊番號：永豐軍艦

編制數		實有數	
官	16	官	16
士兵	98	士兵	94
火砲	7	火砲	7

部隊番號：永豐軍艦

參戰數	
官	16
士兵	94
小計	110

長江口南水道佈雷圖

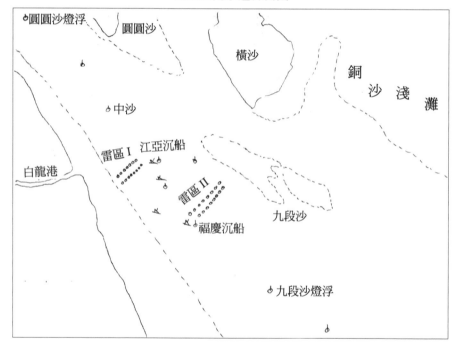

閩江口佈雷圖

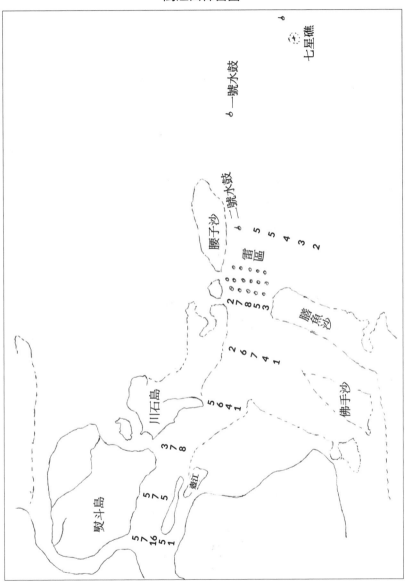

廈門港佈雷圖

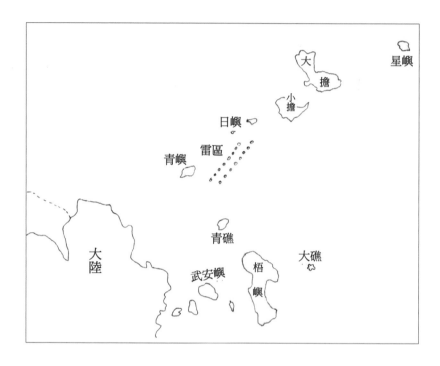

長江中水道佈雷圖

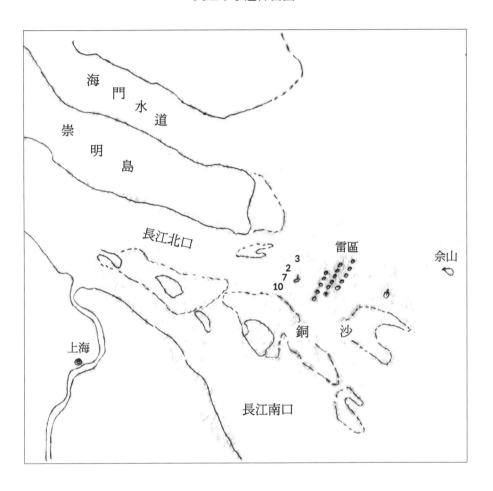

汕頭港佈雷圖

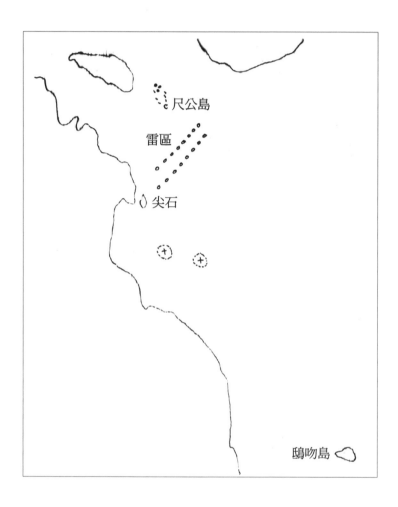

民國史料 92
海軍戡亂回憶錄（二）
奮戰長江與關閉口岸
Memoirs of Navy during Suppression of
the Communist Rebellion
Section II: Yang-Tze River Campaign and
Port-Closure Policy

編　　者　民國歷史文化學社編輯部
總 編 輯　陳新林、呂芳上
執行編輯　林弘毅
排　　版　溫心忻
助理編輯　詹鈞誌

出　　版　 開源書局出版有限公司

香港金鐘夏愨道 18 號海富中心
1 座 26 樓 06 室
TEL：+852-35860995

民國歷史文化學社 有限公司

10646 台北市大安區羅斯福路三段
37 號 7 樓之 1
TEL：+886-2-2369-6912
FAX：+886-2-2369-6990

http://www.rchcs.com.tw

初版一刷　2024 年 7 月 31 日
定　　價　新台幣 420 元
　　　　　港　幣 115 元
　　　　　美　元　16 元
I S B N　978-626-7543-00-9
印　　刷　長達印刷有限公司
　　　　　台北市西園路二段 50 巷 4 弄 21 號
　　　　　TEL：+886-2-2304-0488

國家圖書館出版品預行編目 (CIP) 資料
海軍戡亂回憶錄 . 二 , 奮戰長江與關閉口岸 =
Memoirs of navy during suppression of the
communist rebellion section II : Yang-Tze River
campaign and port-closure policy / 民國歷史文
化學社編輯部編 . -- 初版 . -- 臺北市 : 民國歷史
文化學社有限公司 , 2024.07
　　面；　公分 . -- (民國史料 ; 92)
ISBN 978-626-7543-00-9 (平裝)
1.CST: 國共內戰　2.CST: 海軍　3.CST: 戰役
628.62　　　　　　　　　　　113010658